OUTROS CAMINHOS DE DANÇA

CB024639

CIP-BRASIL. CATALOGAÇÃO NA PUBLICAÇÃO
SINDICATO NACIONAL DOS EDITORES DE LIVROS, RJ

L378o

Laszlo, Cora Miller
 Outros caminhos de dança : técnica Klauss Vianna para adolescentes e para adolescer / Cora Miller Laszlo. – São Paulo : Summus, 2018.
  128 p. : il.

 Inclui bibliografia
 ISBN 978-85-323-1103-0

 1. Vianna, Klauss, 1928-1992. 2. Dança - Estudo e ensino - Brasil. 3. Linguagem corporal. 4. Adolescentes. I. Título.

18-49015
              CDD: 792.840981
              CDU: 792.82(81)

Meri Gleice Rodrigues de Souza - Bibliotecária CRB-7/6439

www.summus.com.br

EDITORA AFILIADA

Compre em lugar de fotocopiar.
Cada real que você dá por um livro recompensa seus autores
e os convida a produzir mais sobre o tema;
incentiva seus editores a encomendar, traduzir e publicar
outras obras sobre o assunto;
e paga aos livreiros por estocar e levar até você livros
para a sua informação e o seu entretenimento.
Cada real que você dá pela fotocópia não autorizada de um livro
financia o crime
e ajuda a matar a produção intelectual de seu país.

OUTROS CAMINHOS DE DANÇA

TÉCNICA KLAUSS VIANNA PARA ADOLESCENTES E PARA ADOLESCER

CORA MILLER LASZLO

summus editorial

OUTROS CAMINHOS DE DANÇA
Técnica Klauss Vianna para adolescentes e para adolescer
Copyright © 2018 by Cora Miller Laszlo
Direitos desta edição reservados por Summus Editorial

Editora executiva: **Soraia Bini Cury**
Assistente editorial: **Michelle Neris**
Capa: **Alberto Mateus**
Produção editorial: **Crayon Editorial**
Impressão: **Sumago Gráfica Editorial**

Summus Editorial
Departamento editorial
Rua Itapicuru, 613 – 7º andar
05006-000 – São Paulo – SP
Fone: (11) 3872-3322
Fax: (11) 3872-7476
http://www.summus.com.br
e-mail: summus@summus.com.br

Atendimento ao consumidor
Summus Editorial
Fone: (11) 3865-9890

Vendas por atacado
Fone: (11) 3873-8638
Fax: (11) 3872-7476
e-mail: vendas@summus.com.br

Impresso no Brasil

Dedico este livro para as estrelas
que brilham em minha vida:

Jussara e Chistian desde que nasci,
Elis desde que nasceu,
Ian desde que nossos olhares se cruzaram.

SUMÁRIO

PREFÁCIO

Fico encantada com este livro de Cora Miller Laszlo, Outros caminhos de dança, pois ele é fruto de um percurso muito longo, um caminho de gerações iniciado em Belo Horizonte, quando Klauss e eu começamos a pesquisar o movimento, as articulações, as dobras do corpo e a atenção com cada ser humano.

De nós dois nasceu o Rainer, que veio a não só perpetuar o nosso trabalho, mas também encontrar seu próprio caminho. Assim como a bailarina Jussara Miller, aluna de Rainer e Klauss em São Paulo, que sempre me chamou atenção pela maneira como ela respondia e entendia o que o Rainer propunha, vejo hoje a Cora trilhar seu próprio caminho.

Vejo que além de uma pesquisa profunda de dança e da consciência do movimento, Jussara também faz algo muito importante que é incentivar a pesquisa da Cora, que em seu trabalho não repete o trabalho da mãe, assim como Rainer não repetia o nosso trabalho, mas sim trabalha seus elementos e os transforma na sua maneira de perceber e observar o outro.

A Cora tem uma pesquisa bem pessoal com o seu trabalho, com a sua criação, com a sua maneira de colocar a dança para as suas alunas adolescentes. Devido aos seus anos de experiência com a dança desde criança, Cora já demonstra uma maturidade no seu conhecimento e observação do corpo, sabendo orientar suas alunas a organizar o eixo corporal, conhecer seus ossos e articulações, seus sentimentos, e sobretudo não interferindo e sim colaborando em seu processo criador.

Este livro é de grande importância, pois poucas pessoas fazem trabalhos conscientes para adolescentes. Sempre digo que todo ser humano é único e especial e que cada um traz em seu conhecimento corporal uma história.

Parabéns, Cora, por seu livro e belíssimo incentivo dado aos seus alunos.

ANGEL VIANNA

APRESENTAÇÃO

gota de suor
rola pelo rosto
lágrima sem dor
ALICE RUIZ

Este poema de Alice Ruiz me diz muito do meu processo com a Técnica Klauss Vianna (TKV). Admiro em sua poesia a medida exata das palavras para que se toque o leitor. Acredito que a Técnica Klauss Vianna também tenha esse propósito, a procura da medida exata para tocar as pessoas: alunos, bailarinos, público, humanos, gente. Meu percurso na Técnica Klauss Vianna inicia com o suor de criança que dança e gosta de dançar, pois aos 8 anos, em 2001, comecei a fazer aulas com Jussara Miller, minha mãe. Desde então, foram anos de prática no Salão do Movimento e, depois de um longo processo, ingressei no curso de pós-graduação em Técnica Klauss Vianna na PUC-SP, buscando aprofundar meus estudos sobre esta que já me fez derramar muito suor – lágrima sem dor – e, também, lágrimas reais. Lágrimas a cada vez que me sentia dançando a partir de seus princípios e estratégias, a cada vez que via minhas alunas dançarem por meio de minhas provocações, a cada vez que via um novo espetáculo de minha mãe criado a partir desses caminhos. Esse é um percurso repleto de afetos. Eu acredito nesse trabalho. Creio na sua potência transformadora e continuamente revitalizante para quem escolhe esse caminho. Talvez tudo isso seja pessoal demais, talvez tudo isso não se enquadre nesse (con)texto. Mas me permito iniciar assim, pois não sinto outra opção.

INTRODUÇÃO

Adolescer. V. int. 1. Atingir a adolescência; tornar-se adolescente. 2. Crescer; desenvolver-se. 3. Rejuvenescer, remoçar.

Olhar a adolescência como verbo ajuda a entender a dinâmica intensa desse período da vida, assim como ajuda a refletir para além de uma faixa etária[1]. A adolescência é transformação e fluxo a todo instante, é troca com o ambiente de maneira inédita a cada dia, uma vez que socialmente vão se abrindo portas de relação conforme crescemos, que vão desde características sutis como a entrada em filmes com censura até mudanças drásticas com relação ao corpo, à sexualidade e aos desejos. Da mesma maneira, as cobranças de comportamento e responsabilidades ficam mais acirradas. Corpo e ambiente se contaminam e se transformam em velocidade torrencial.

Em 2011 – eu mesma ainda em fluxo de adolescer –, iniciei minha atuação como professora de Técnica Klauss Vianna para adolescentes. Minha busca com o presente livro é abordar as características específicas desse trabalho que desenvolvo no Salão do Movimento (Campinas/SP), relacionando-o aos estudos

---

1. É interessante notar as várias determinações da faixa etária que compreende a adolescência pelos diferentes órgãos que a qualificam. Em termos da lei, o Estatuto da Criança e do Adolescente considera adolescentes as pessoas entre 12 e 18 anos de idade, podendo, em alguns casos, ir até os 21 anos. Ainda em termos legais, o Estatuto da Juventude considera jovens aqueles entre 15 e 29 anos de idade. A Organização Mundial da Saúde (OMS) assume uma faixa um pouco distinta, considerando adolescentes as pessoas entre 10 e 18 anos de idade. A Organização das Nações Unidas (ONU), em seus critérios usados principalmente para fins estatísticos e políticos, considera a adolescência/juventude dos 15 aos 24 anos de idade. Tais variações expressam o interesse de cada uma dessas instituições em fazer essa determinação.

teóricos que realizei durante esses anos nas instituições que passei – Unicamp e PUC-SP – e no próprio Salão do Movimento.

A Técnica Klauss Vianna (TKV) – criada pelo casal Angel e Klauss Vianna e, posteriormente, sistematizada por seu filho, Rainer Vianna, em parceria com Neide Neves – nasceu no ambiente da dança com uma abordagem pedagógica que privilegia o movimento consciente. Assim, foi nomeada, com base nos estudos atuais, como uma técnica de dança e educação somática, pois trata o corpo em sua unidade corpomente, sempre em troca com o ambiente.

Antes que adentremos propriamente no assunto, é necessário esclarecer o significado de algumas palavras que serão utilizadas ao longo da discussão, para que possamos seguir juntos por esse outro caminho de dança que aqui proponho. Primeiramente, o entendimento de corpo deste trabalho é embasado na Teoria Corpomídia, desenvolvida pelas pesquisadoras Christine Greiner e Helena Katz. Essa desmantela com o divórcio corpo-mente e as dicotomias decorrentes dessa cisão, trabalhando o "corpo como um estado sempre em transformação, em codependência com os ambientes por onde transita" (Katz, 2009, p. 29). Tal abordagem impossibilita e rejeita o entendimento de corpo-objeto, isto é, o corpo como um instrumento e recipiente de informações.

A partir do momento em que se transforma o paradigma de compreensão do corpo, também se modifica o paradigma do entendimento de técnica, que deixa de ser ferramenta que molda o corpo instrumento e passa a ser entendida como provocadora do fluxo de pesquisa: "As instruções de uma técnica se transformam numa relação dinâmica com o corpo, evoluindo junto com este, num processo contínuo de troca de informações. A técnica transforma o corpo e é corporificada à medida que suas instruções são implementadas" (Neves, 2010, p. 25).

Comecei a dar aula para adolescentes como aluna do curso de Processo Didático do Salão do Movimento, que exigia que todos tivessem um grupo de alunos para conduzir o estudo prático. As questões que surgiram desse processo me fizeram iniciar um curso livre de dança para adolescentes no Salão do Movimento. A partir desse interesse – e também da percepção de que esse é um enfoque pouco abordado pelas pesquisas da TKV –, realizei um estudo de iniciação científica com o tema TKV para adolescentes. Seu alcance, porém, foi diminuto: os únicos resultados acadêmicos produzidos foram os relatórios direcionados à Fapesp, indisponíveis ao público. Caracterizam-se, além disso, por ser relatórios/relatos, diários de campo de uma ação continuada. Apresentei a iniciação científica em congressos acadêmicos com a apresentação de pôster ou comunicação em mesa temática[2]. Foram experiências importantes de diálogo com outros pesquisadores e que me fizeram perceber quanto o material produzido até aquele momento era ainda parco, instigando-me a elaborar uma pesquisa mais profunda.

Em 2015, ao ingressar na pós-graduação *lato sensu* em Técnica Klauss Vianna na PUC-SP, deparei com um alargamento da percepção das questões da TKV e de sua fundamentação teórica, em especial a Teoria Corpomídia. As mudanças de paradigma propostas por essa teoria alteraram minha visão e ação em meus campos de atividade, inclusive em minha prática didática. Como afirma Greiner (2010, p. 27), "é preciso saber do

---

2. 8º Congresso da Abrace (2014); 2º SPPGADC/Unicamp (2014); 23º Congresso de Iniciação Científica da Unicamp (2015); e no 6º SPA/USP (2016).

que se está falando e compreender que todo discurso é uma ação. [...] Interessa identificar a experiência passada em conexão com o presente e o futuro como um recurso para gerar movimento". A partir do momento em que se considera a unidade corpomente, é necessário reconfigurar a ação/discurso para que haja coerência, com atenção para escutar criticamente conceitos antigos e enraizados no território da dança e deixar de reproduzir discursos/ações mecanicistas e dicotômicos.

Diante disso, tive dificuldade de encontrar leituras a respeito da adolescência para alimentar essa pesquisa, pois me deparei com textos repletos de dualismos, colocando a dança e o movimento em prol do desenvolvimento da mente, das habilidades escolares, da perda de peso, do alívio de angústias, entre outros tantos benefícios encontrados em listas de propagandas de escolas de dança, ou mesmo em artigos acadêmicos. É inegável a existência dessas decorrências causadas pela dança; no entanto, ressalto que na pesquisa TKV o objetivo não é chegar a resultados e cumprir metas, mas sim colocar o aluno em trabalho de investigação atenta às transformações, em um processo que não chega ao fim.

Também me deparei com uma série de palavras que compõem o que é a adolescência em nossa cultura: crise, questionamentos, mudanças, transformações, instabilidades, incerteza, descoberta do corpo, busca por liberdade, desejo de autonomia, entre tantas outras que designam esse momento em ebulição. Essas palavras, várias vezes, comportavam um sentido temporário, implicando algo a ser superado para se adentrar na almejada vida adulta, com suas promessas de estabilidade. Como se a adolescência fosse o único momento em que são aceitáveis o caótico, o excesso, a ebulição, a insegurança, a incerteza, o sentir, a intensidade, a crise.

Todavia, essas palavras que trazem o sentido da imanência do presente, da fragilidade do instante denotam a maneira como o corpo é mídia de si mesmo em processo de contaminação com as informações afluentes. A instabilidade é o movimento e é o movimento que faz do corpo um corpomídia (Greiner e Katz, 2005). A TKV entende que não chegamos a resultados prontos e estanques, mas que estamos em transformação, em processo constante de aprendizado, que chega a efeitos e estabilidades, porém efêmeros e que contêm em si a processualidade, a instabilidade e a transitoriedade.

Klauss Vianna (2008) fala da importância da desconstrução das formas fixas de se estar em sala de dança, da necessidade de abraçar o fluxo de emoções que surgem do movimento – que são o movimento. Essa desconstrução quebra com a suposta estabilidade do adulto. A desconstrução provocada por Klauss Vianna vem no sentido de profanação dos dispositivos (Agamben, 2009) que aprisionam a noção de adulto. Greiner (2005) aborda o conceito de desconstrução a partir de Derrida, que seria a possibilidade de se abrir para o outro, de tentar ver/ler textos e outras obras sem buscar o que queremos que aquilo signifique, permanecendo abertos ao reconhecimento e à leitura singular da obra. Sob minha interpretação, esses dois estudos/propostas acerca da desconstrução são complementares, pois a desconstrução apresentada por Klauss Vianna exige que o aluno se abra para o outro e à escuta de um conceito de dança que não era esperado.

Com adolescentes, a desconstrução dos padrões de dança, em especial daqueles incansavelmente veiculados nas grandes mídias de comunicação de massa, também pode ocorrer na medida em que as alunas se sentem dançando a partir desse outro caminho de dança proposto em aula. Neves (2010, p. 67) afirma que "não é o aprendizado de passos ou de vocabulários de formas codificadas que faz alguém dançar, e, sim, a percepção do que é o movimento dançado".

Acredito que as questões que gritam na adolescência não devem ser silenciadas quando se atinge a maturidade, mas podem ser elaboradas no corpo e ressignificadas ao longo da vida. A afamada "busca pela identidade" conferida aos adolescentes não se encerra na maioridade. Estamos em movimento e transformação e a dança corporifica esse processo. A crise é parte do sistema evolutivo do corpo e o conflito gera o movimento. A adolescência pode ser um período de crise (ou não), que virá seguido de outros (ou não). Propor a TKV para essa faixa etária é um convite para que essas questões fluam pelo movimento, reconhecendo a crise como mote para a investigação. Para Vianna (2008, p. 60), é a curiosidade que move o mundo. "Se você não tem mais dúvidas, então só tem uma saída: parar."

E é esse um dos principais motivos que me faz acreditar no trabalho da TKV com adolescentes, pois, além dos benefícios recorrentemente relacionados à dança para essa faixa etária, ela propõe o adolescer em investigação e exploração, estimulando a autonomia e a singularidade de cada um, características fundamentais para o amadurecimento em qualquer momento da vida.

Um princípio da TKV – que fundamenta todos os aspectos abordados anteriormente – é a indissociabilidade entre técnica e criação, que são trabalhadas intrinsecamente no processo de cada professor/bailarino/aluno. A pesquisa de movimento emerge dos tópicos corporais estudados e segue seu fluxo na singularidade criativa de cada praticante, despertando o corpo presente para a pesquisa, na qual a criação é sempre existente e necessária para o entendimento e a vivência. Diante disso, a TKV possibilita processos criativos, inclusive compreendendo a importância pedagógica da criação e da partilha com o público, uma vez que "a dança é uma arte do espetáculo; faz parte do seu campo de conhecimento a relação com o público num constante fluxo de afetos" (Laszlo e Miller, 2016, p. 166). Klauss Vianna (2008, p. 56) afirma que "a dança só se aprende no palco".

Este livro está dividido em quatro capítulos. No primeiro, são apresentados fluxos de investigação que desaguaram em mim para que esta pesquisa fosse realizada: a trajetória dos Vianna, a ação de fomento à pesquisa em TKV realizada pelo Salão do Movimento e a trajetória da presente pesquisa de TKV para adolescentes. No segundo capítulo, trago as considerações pedagógicas do trabalho da TKV para adolescentes. No terceiro tema, avanço nas reflexões a respeito do trabalho com processo criativo em sala de aula e suas características em meu fazer didático. E mesmo estando longe de se concluir esta análise, na última parte apresento caminhos que possibilitam novas investigações da TKV para adolescentes.

Busquei fundamentar a discussão, que gira em torno das minhas ações como pesquisadora, com os mestres da TKV, com a Teoria Corpomídia, abordando, quando necessário, outros autores que julguei dialogarem com as ideias presentes neste livro. Não pretendo apresentar um relato, um diário de campo do meu trabalho semanal como professora, mas sim uma escrita que apresente pistas para se trabalhar a TKV com adolescentes em diversos contextos, não como fórmula, mas como pesquisa.

Esta obra busca suprir a carência de bibliografia de dança para adolescentes apresentando uma abordagem com base nos princípios e tópicos corporais da TKV como temas de criação na sala de aula e na cena. A partir da minha prática didática como professora de dança para adolescentes, o presente livro desenvolve reflexões sobre as características próprias do trabalho da Técnica Klauss Vianna para essa faixa etária, uma vez que é um enfoque pouco abordado pelas pesquisas TKV. O embasamento teórico do livro se pauta na Teoria Corpomídia e suas reverberações no entendimento de técnica aqui postulado, bem como na maneira como se compreende a adolescência. O estudo discorre sobre a trajetória da família Vianna e os desdobramentos da pesquisa que seguem até hoje, a sistematização da TKV e o conceito de Escola Vianna, além, ainda, das particularidades de cada tópico corporal trabalhado da TKV, como improvisação, e da escolha em incluir sequências de movimento como estratégia pedagógica em aulas de TKV. Por fim, apontam-se possibilidades de se trabalhar um processo criativo com adolescentes, objetivando a processualidade da dança em sala e em cena.

1 ‖ Pontos de partida

‖ NASCENTE - BREVE HISTÓRICO DA TÉCNICA KLAUSS VIANNA ‖

A Técnica Klauss Vianna surgiu da pesquisa do bailarino e coreógrafo. Seu caminho, porém, não foi solitário, mas sim "iluminado por duas outras estrelas, que foi Rainer e é Angel" (Aquino apud Miller, 2007, p. 33). Os relatos de vida desses três artistas podem ser encontrados em diversas publicações e não é o objetivo aqui fazer um detalhamento biográfico. No entanto, farei um breve histórico da carreira desses bailarinos que transformaram a dança no Brasil, a fim de elucidar o trajeto dessa técnica que embasa a presente pesquisa.

Klauss Ribeiro Vianna e Maria Ângela Abras Vianna (Angel) são mineiros, nascidos no mesmo ano de 1928, em Belo Horizonte. Ambos relatam uma infância de observação do entorno e questionamentos infindáveis. Conheceram-se no colégio por volta dos 14 anos e iniciaram no balé clássico juntos. Jamais satisfeitos com regras sem explicações e continuamente buscando o diálogo com outras áreas artísticas, deram, cada um a seu modo, início a uma renovadora pesquisa do movimento. Klauss tinha uma forte atração pelo teatro e uma curiosidade na observação das artes plásticas para melhor entender o corpo e o movimento. Angel tocava piano desde criança e se formou na Escola de Belas Artes de Belo Horizonte – Escola Guignard –, com especial interesse pela escultura.

Juntos, abriram a Escola Klauss Vianna em Belo Horizonte e, pouco depois, em 1959, fundaram o Ballet Klauss Vianna. Este era um espaço de pesquisa de novas formas de ensino e criação, entre elas a retirada da sapatilha dos alunos, para que assim descobrissem a estrutura óssea dos pés e abrissem os espaços articulares. As criações artísticas também traziam elementos inéditos para a época, como a introdução do silêncio ou de sons cotidianos na cena e o estudo do gestual de trabalhadores para a criação em dança.

Em 1958, nasceu Rainer Vianna, filho desse casal pesquisador e revolucionário em plena atividade. Rainer costumava dizer: "Minha formação é de banheiro, sala, cozinha, de casa mesmo – cresci ouvindo meus pais falarem de dança e corpo" (Vianna apud Miller, 2007, p. 44).

Em 1962, a família se mudou para Salvador, para ensinar na Escola de Dança da Universidade Federal da Bahia (UFBA), a convite do então diretor Rolf Gelewski. Embora fossem responsáveis pela cadeira de dança clássica, acabaram expandindo suas referências, experiências e conhecimentos. Klauss Vianna (2008, p. 42) relata as transformações que viveu nesse período ao entrar em contato com a capoeira, o candomblé, a greve estudantil, a arte baiana, Caetano Veloso e Maria Bethânia: "A Bahia me abriu as portas para o exterior, porque até então eu vivia apenas o meu interior".

Angel Vianna possuía uma dupla função na universidade, pois era professora e bailarina da Companhia da Escola de Dança. Para ela, esse tempo na Bahia também foi de aprendizado e expansão: "O trabalho com Rolf Gelewski e a participação no Grupo de Dança Contemporânea da Escola de Dança da Universidade Federal da Bahia fizeram que entrasse em contato com técnicas mundialmente consagradas que a levaram a confiar no caminho que havia escolhido" (Ramos, 2007, p. 70).

Em 1964, os Vianna se mudaram para o Rio de Janeiro, sem emprego e sem ter onde morar. Angel Vianna foi dançar na televisão e dava aulas de balé e de expressão corporal na escola de Tatiana Leskova. Klauss Vianna deu aulas em escolas e clubes, até que, em 1968, foi convidado para fazer a coreografia da peça *A ópera dos três vinténs*, de Bertolt Brecht e Kurt Weil, com direção de José Renato. O elenco era grande e heterogêneo, com atores como Marília Pêra e José Wilker. Angel Vianna fez parte do elenco ao lado de outras duas bailarinas. Klauss Vianna comenta que até aquele momento no teatro havia apenas "dancinhas" e que os atores não tinham nenhuma relação com o dançar. A pesquisadora Joana Tavares (2010, p. 58), que realizou uma vasta pesquisa da atuação de Klauss no teatro carioca, coloca algumas características do trabalho do casal Vianna em *A ópera dos três vinténs*:

> Com a colaboração de Angel Vianna, que demonstrava fisicamente suas sugestões, Klauss Vianna elaborou um esquema, em que noções básicas do movimento tais como: flexibilidade, planos espaciais, ritmo, aguçamento dos sentidos e improvisação fossem trabalhados, possibilitando, desse modo, não apenas a apropriação de uma sequência coreográfica como também sua projeção espacial.

Notam-se, portanto, características fundamentais dos princípios do trabalho dos Vianna, pois embora convidados para fazer uma "dancinha", foram além. Isso chamou a atenção tanto dos atores quanto da crítica. A atriz Marília Pêra (*apud* Tavares, 2010, p. 57), que possuía uma formação em balé clássico, coloca: "E eles [Klauss e Angel] tinham um jeito de fazer dança completamente diferente, quer dizer, era uma não dança". A crítica, no entanto, fez ressalvas, comentando a pobreza da coreografia, um "simulacro de coreografia" (Jafa *apud* Tavares, 2010, p. 60). É evidente, portanto, que o aporte dos Vianna para a cena causava estranhamento e surpresa para a época.

Após essa peça, Klauss e Angel Vianna seguiram trabalhando com teatro e com atores, transformando, cada vez mais, a visão do corpo em cena. Klauss foi chamado para fazer a coreografia de "Roda Viva", de Chico Buarque e com direção de José Celso Martinez Corrêa. Embora na ficha técnica ainda se usasse o termo coreógrafo, já se dava início a um modo de lidar com o corpo e com o movimento que seria depois denominado "expressão corporal", assim como à função que seria conhecida posteriormente como "preparação corporal". Era um momento de efervescência e descoberta de outras nomenclaturas que foram criadas na medida em que era necessário nomear aquilo que se fazia em cada trabalho.

> Ao todo, foram aproximadamente 25 peças, dando início à profissão de preparador corporal, no Rio de Janeiro, nos moldes propostos por Klauss, o que diferia do papel do coreógrafo, pois buscava instrumentalizar o corpo do ator para as necessidades de um teatro que começava a rejeitar a supremacia do texto, valorizando a atuação e a expressividade corporal. (Neves, 2008, p. 29)

E é por meio dessa atuação do pai no teatro que Rainer Vianna se encanta pelo universo artístico, como relata no vídeo "Memória presente: Klauss Vianna" (Casali e Navas, 1992):

> Aí com 13 anos/12 anos, eu fui ver Klauss fazendo uma peça chamada "Hoje é dia de rock"[3]. Era uma peça fascinante e os adolescentes iam muito. E eu me apaixonei pela peça e me apaixonei pelo personagem, meu pai, que até então eu não conhecia. Quer dizer, eu conhecia meu pai em casa e de repente eu vi uma figura ali, passando coisas bonitas e dizendo coisas que eu acreditava, que os adolescentes acreditavam e que tinha muito a ver com a minha linguagem de vida.

Em 1973, aos 15 anos, Rainer começou a fazer aula com os pais, além de outros cursos de dança, teatro e expressão corporal com profissionais como Patrícia Stokoe e Gerda Alexander. Iniciou precocemente uma ampla atuação profissional como bailarino, coreógrafo, diretor e professor de dança, além de ator, diretor e preparador corporal para teatro e cinema.

Em 1975, Klauss, Angel e a professora de balé Tereza D'Aquino fundaram o Centro de Pesquisa Corporal Arte e Educação, onde Rainer iniciou sua atuação como professor ainda com 17 anos, para logo em seguida assumir o cargo de diretor, ficando até 1982. Nesse mesmo ano, Angel e Klauss também formaram o Teatro do Movimento, um grupo de dança de vanguarda, no qual as criações surgiam de improvisações e jogos corporais. Em 1978, Rainer e Klauss Vianna idealiza-

---

3. "Hoje é dia de rock" (1971), de José Vicente e direção de Rubens Corrêa. Klauss Vianna fazia parte do elenco, além de assinar a "expressão corporal". Por essa peça, Klauss ganhou, em 1972, o Prêmio Molière Categoria Especial.

ram o solo "Reflexões poéticas de uma mão desesperada", único trabalho de Rainer sob a direção do pai.

Em 1980, depois de uma ampla ação transformadora no cenário carioca, Klauss decidiu se mudar para São Paulo, enquanto Angel e Rainer ficaram no Rio de Janeiro. Na capital carioca, Angel, Rainer e Neide Neves, esposa deste na época, inauguraram o Centro de Estudo do Movimento e Artes – Espaço Novo, que posteriormente se tornou a Escola Angel Vianna e é hoje a Faculdade Angel Vianna, local que abriga o curso livre, o curso técnico, a graduação em Dança e os cursos de pós-graduação *lato sensu*.

Chegando a São Paulo, Klauss promoveu uma ampla transformação do cenário da dança por meio de suas aulas em diversas escolas, de sua direção revolucionária da Escola de Bailados do Teatro Municipal e de suas criações artísticas como diretor de espetáculos.

Em 1988, Rainer e Neide mudaram com a filha para São Paulo. Lá, Rainer ministrou aulas e workshops e deu continuidade à sua produção artística. Além disso, teve uma atuação didática importante, uma vez que sistematizou o trabalho de Klauss Vianna. "Rainer fez uma análise detalhada dos tópicos corporais abordados em sala de aula e dos procedimentos que seriam mais adequados para o entendimento e a recepção corporal do aluno" (Miller, 2007, p. 48).

O trabalho de sistematização já havia sido iniciado no Rio de Janeiro, em parceria com Neide Neves, para as aulas que ambos ministravam no Centro de Estudo do Movimento e Artes – Espaço Novo, e continuou a ser aprofundado em São Paulo. Em 1992, Rainer fundou a Escola Klauss Vianna, com o intento de oferecer um curso de formação profissional, que nomeou de Técnica Klauss Vianna.

Pouco após a abertura da escola, no dia 12 de abril de 1992, Klauss Vianna faleceu, legando àqueles que estiveram presentes em suas aulas e criações uma reorientação paradigmática da dança. Também legou o livro *A dança*, obra pela qual as gerações seguintes podem escutar a voz dessa personalidade enérgica e revolucionária, cuja presença sobrevive na memória coletiva da dança brasileira.

Após a morte de Klauss, a Escola Klauss Vianna continuou com aulas de Rainer, Neide Neves e outros professores formados por eles, caso de Jussara Miller e Marinês Calori. Essas pesquisadoras viveram de perto os estudos da sistematização da TKV com a orientação de Rainer, que criou o "Centro de Estudos Didáticos" para um grupo de professores da escola. Portanto, Rainer teve participação direta na transmissão dessa técnica, prezando pela clareza e combatendo interpretações e aplicações errôneas e superficiais sobre a pesquisa Vianna (Miller, 2007). Em agosto de 1995, aos 37 anos, Rainer Vianna faleceu repentinamente e a Escola Klauss Vianna fechou suas portas.

Angel continuou no Rio e, insubmissa às determinações sociais em relação à idade, seguiu dançando, criando e se reinventando. Seu mote é: "Gente é como nuvem, sempre se transforma". Coordena uma faculdade com grande importância nacional e reconhecimento internacional, e se apresenta e ministra oficinas por todo o Brasil. Em 2016, trabalhei como ensaiadora de seu mais recente solo, "Amanhã é outro dia", com direção e dramaturgia de Norberto Presta. Nesses encontros, conversávamos sobre dança, improvisação, desafios da criação, dificuldades e prazeres da cena. O fascínio por Angel – meu e de outros – se dá pela sua generosidade em relação a tudo que a cerca: observa seu entorno, observa as pessoas que vêm lhe falar, observa cada aluno, cada indivíduo. Seu segundo mote, à guisa de aviso, é:"Cuidado com o outro, minha gente!"[4]

Mesmo com a morte de Klauss e Rainer, e com e fechamento da Escola Klauss Vianna em 1995, as pessoas que com eles trabalharam estavam preenchidas por esse projeto transformador, de modo que o cenário da dança nunca mais seria o mesmo após a passagem deles. O legado Vianna, portanto, continua vivo nas diferentes pesquisas e experiências de seus sucessores.

Em 2005, Jussara Miller defendeu seu mestrado "A escuta do corpo: abordagem da sistematização da Técnica Klauss Vianna", dissertação que, em 2007, foi publicada pela Summus Editorial. Esse livro disponibiliza o trabalho pedagógico orientado por Rainer Vianna, baseado em atualizações e estudos em sala de aula durante sua atuação como professora da Escola Klauss Vianna.

Outros estudos acerca da sistematização da TKV foram publicados, entre eles o livro e a tese de doutorado de Neide Neves (2008, 2010), nos quais a autora discorre sobre o aprofundamento da técnica com base nas correlações com o neurocientista Gerald Edelman, entre outros. Tais publicações são essenciais para a compreensão da TKV em diálogo com a Teoria Corpomídia.

O reconhecimento do trabalho de Klauss Vianna como uma técnica encontrou certa resistência no início, dado que ele mesmo não tinha realizado esse processo, reconhecendo-se como criador e pesquisador de um trabalho, deixando às próximas gerações esse engajamento com a sistematização e orga-

---

4. Ambos os motes de Angel Vianna aqui apresentados são repetidos por ela em conversas e palestras, e aparecem com sua voz em *off* em seu solo "Amanhã é outro dia".

nização. Por isso, reitero a importância da atuação de Rainer legitimando e propagando o trabalho do pai.

> Esse reconhecimento foi zelosamente defendido por Rainer Vianna, que tinha não somente o cuidado de preservar o trabalho do pai, mas também o propósito de torná-lo vivo no século XXI.[...] Não se trata, portanto, de cristalizar o trabalho. Pelo contrário, com uma sistematização, as bases tornam-se claras e firmes para poder construir, transformar e pesquisar um caminho. (Miller, 2007, p. 24)

A sistematização da TKV é, portanto, uma base para a pesquisa e a investigação. Ela é composta por tópicos corporais, divididos em dois processos: o processo lúdico e o processo dos vetores. O curso de formação da Escola Klauss Vianna tinha a duração de três anos, sendo que no primeiro se trabalhava o processo lúdico; no segundo, o processo dos vetores; e, no terceiro, um processo criativo e/ou didático.

A maneira como os tópicos são trabalhados, as estratégias didáticas e as instruções não são regidas por regras, mas por princípios propagados por Klauss, Angel e Rainer Vianna. Alguns desses princípios são: a indissociabilidade entre dança/arte e vida; o estado da presença como objeto de pesquisa e trabalho; o respeito à singularidade, tanto dos alunos quanto dos pesquisadores/professores; entendimento do corpo como unidade corpomente em troca com o ambiente; a não preocupação com a forma e a ocupação com a proposta; o aluno como pesquisador; o professor como pesquisador; o corpo sempre em diálogo e em processo; a escuta do corpo; a aula como encontro, com o aluno e não para o aluno.

Tais princípios são antagônicos aos modelos tradicionais do ensino da dança, que valorizam somente o virtuosismo e a hierarquia do professor que sabe, mostra e manda, e o aluno que olha, copia e obedece. O interesse, nesses contextos, é apenas no corpo hábil. Ao se trabalhar com base nos princípios da TKV, o interesse é pelo corpo lábil, sempre em transformação (Miller, 2011).

Ao constatar a proximidade de seus princípios com os da educação somática – termo cunhado pelo pesquisador estadunidense Thomas Hanna –, a TKV foi reconhecida como uma técnica de dança e educação somática, pois, por meio de uma postura consciente e questionadora, não dissocia o corpo em frações, mas nos entende como unidade, o *Soma*.

> "Soma" não quer dizer "corpo"; significa "Eu, o ser corporal". [...] O Soma é vivo; ele está sempre contraindo-se e distendendo--se, acomodando-se e assimilando, recebendo energia e expelindo energia. Soma é pulsação, fluência, síntese e relaxamento – alternando com o medo e a raiva, a fome e a sensualidade. [...] Os somas são os seres vivos e orgânicos que você é *nesse* momento, *nesse* lugar onde você está. (Hanna, 1972, p. 28)

Existem diversas técnicas de educação somática com diferentes abordagens e caminhos, provenientes em sua maioria de uma necessidade de autocura de seu criador. O universo da dança abraçou essas práticas como uma necessidade de trabalhar o movimento de outras maneiras, sendo que cada bailarino pesquisador cria as suas pontes para lidar com as técnicas e os métodos de educação somática em suas aulas e criações. A TKV, além de ser a única brasileira, nasceu no ambiente da dança com uma abordagem pedagógica que privilegia o movimento consciente. Dessa maneira, ela já engloba em si, na condição de atividade heurística, a arte, a saúde e a educação.

No Brasil, Klauss Vianna foi o pioneiro na pesquisa em educação somática, expressão, aliás, não utilizada em sua época. Entre as linhas somáticas, a sua técnica apresenta o diferencial de ser a única que chegou à pesquisa anatômica/estrutural, partindo da pesquisa didática/estética de um professor/coreógrafo, permitindo um processo criativo ainda mais permeável, tendo todas as outras técnicas o caminho inverso, pois começaram da pesquisa terapêutica e ampliaram, posteriormente, para a pesquisa estética. (Miller, 2007, p. 28)

Para finalizar o histórico da família Vianna e suas reverberações, faz-se necessário abordar e afirmar a mais recente nomenclatura para seu trabalho, que abarca todos os pesquisadores que seguem esses princípios, e não somente aqueles que trabalham com o recorte aqui apresentado como sistematização da Técnica Klauss Vianna. Esse conceito é a "Escola Vianna".

Miller (2012, p. 17) desenvolveu esse conceito, em sua pesquisa de doutorado, com base no estudo das ideias do filósofo italiano Luigi Pareyson (1918-1991), que enxerga a escola como uma rede de relações, em que opostos como singularidade/comunidade e semelhança/originalidade não são tratados como excludentes, mas sim complementares e interdependentes. As sementes lançadas pela família Vianna – e aquelas que Angel ainda lança – florescem de maneira distinta nas ações de cada pesquisador.

Essas influências e confluências foram dando continuidade à pesquisa iniciada pelos Vianna, numa postura de contribuição e aplicação de princípios colocados em ação com a liberdade de exercer o trabalho de *origem* com a *originalidade* inerente a cada pesquisador.

Em 2005, surgiu o Núcleo de Estudos em Técnica Klauss Vianna, coordenado por Neide Neves e composto por Jussara Miller, Marinês Calori e Luzia Carion, responsável por criar o curso de pós-graduação em Técnica Klauss Vianna na PUC-SP em 2012.

Abordarei em seguida um desses caminhos da Escola Vianna, apresentando o território de minha formação em TKV e onde atuo como professora para adolescentes desde 2011: o Salão do Movimento, um espaço de dança e educação somática fundado e dirigido por Jussara Miller. É devido a essa influência que me coloco em uma quarta geração da TKV, pois fui formada por Jussara Miller, que, por sua vez, afirma: "Em relação à Escola Vianna, também me incluo nas gerações seguintes, pois, além de ter sido aluna de Klauss Vianna, fui aluna de Rainer Vianna, que faz parte de uma geração anterior à minha e, por sua vez, foi formado por seus pais, Klauss e Angel" (Miller, 2012, p. 16).

❘AFLUENTE - O SALÃO DO MOVIMENTO COMO POLO DE PESQUISA DA TKV❘

O Salão do Movimento foi fundado por Jussara Miller, em 2001, na cidade de Campinas/SP. Desde sua criação, o espaço tem uma vasta ação pedagógica e artística centrada nas ações de sua idealizadora, que, além de realizar suas pesquisas e criações artísticas, oferece aulas regulares da TKV para adultos e crianças. Além disso, o Salão oferece anualmente oficinas intensivas da TKV para artistas da cena, ministra cursos para professores e pesquisadores de dança para criança e proporciona dois cursos de aperfeiçoamento com duração de dois anos: um de "processo criativo em Técnica Klauss Vianna" e o outro de "processo didático em Técnica Klauss Vianna"[5]. Desde 2011, possui também um Estúdio Cênico, no qual são realizadas as apresentações dos alunos e promovidos outros eventos.

O Salão do Movimento é o espaço onde foram efetuadas as pesquisas de campo de mestrado e de doutorado de Jussara Miller, tanto para criação artística quanto para investigação didática e troca com os alunos.

Miller realizou dois eventos em Campinas com aporte do Salão do Movimento: em 2002, o "Ciclo Klauss Vianna" e, em 2005, o "Festival CPFL de Dança Contemporânea – Klauss Vianna 2005". Ambos contaram com diversos pesquisadores e artistas que tiveram seus caminhos marcados pelos Vianna, e que seguem pesquisando a partir de suas influências. Também esteve presente a própria Angel Vianna, que apresentou espetáculos e ministrou oficinas e mesas temáticas.

Esses eventos foram importantes para manter viva a pesquisa dos Vianna com base no diálogo, na reflexão e nas discussões sobre as diversas compreensões do legado deixado por essa família. É essa amplitude de abordagem que hoje entendemos pertencente à Escola Vianna.

Outra ação formativa e difusora da TKV acolhida pelo Salão do Movimento é sua abertura para estagiários de diversas universidades, em especial aos alunos do curso de graduação em Dança da Unicamp, que assim podem conhecer a abordagem pedagógica de Jussara Miller. O livro *Qual é o corpo que dança* finaliza com os depoimentos de algumas dessas estagiárias. Uma dessas afirma:

---

5. Mais informações sobre as atividades do Salão do Movimento podem ser encontradas no site: <www.salaodomovimento.art.br>.

O estágio no Salão do Movimento me instigou à prática de ensinar, fez-me acreditar que é possível desenvolver um processo educativo que fomente a dança como educação do sensível, como experiência de transformação e de conhecimento de si, de liberdade e de resistência aos processos enrijecedores de pensar e trabalhar o corpo. Reconheci uma educação pela e para a expressividade de cada um. (Andreatta *apud* Miller, 2012, p. 152)

No âmbito dos processos criativos, foram produzidos no Salão do Movimento os espetáculos de Jussara Miller: "Corpo sentado" (2005); "Passeio" (2006); "Clariarce" (2010); "Cá entre nós" (2011); "Nada pode tudo" (2014) e "Corpo sentado – 10 anos" (2015). Os quatro trabalhos mais recentes contaram com a direção e dramaturgia do ator, diretor e escritor ítalo-argentino Norberto Presta, que se tornou um artista parceiro. O Salão do Movimento também colaborou com parte do processo criativo do espetáculo "Fuga!" (2007), dirigido por Norberto Presta e com provocação cênica de Jussara Miller e Renato Ferracini (LUME Teatro). Em 2016, serviu como espaço de residência artística para o processo criativo de "Amanhã é outro dia" (2016), solo de dança de Angel Vianna com direção e dramaturgia de Norberto Presta. Além disso, foram concebidos os meus solos "Nós" (2009), "Momentânea (mente)" (2010) e "Deixe-me inventar" (2012), e meu projeto "Entre o óbvio e o nunca visto" (2017), assim como diversos solos de alunos do curso de Processo Criativo, orientados por Jussara Miller. Em setembro de 2016, foi realizado no Salão do Movimento um evento comemorativo dos seus 15 anos, com mesas com Jussara Miller, Angel Vianna e Norberto Presta, apresentação de pesquisas acadêmicas que emergiram de estudos no local, espetáculos, oficinas, mostras dos alunos e encerramento com uma sessão aberta para dançar.

O Salão do Movimento, há mais de 15 anos, fomenta pesquisas que ocorrem na prática do chão de madeira e seguem em um fluxo incessante, previsto pela própria TKV:

> Insisto que mais importante do que o desfecho do processo é o processo em si, pois normalmente somos levados a objetivar nossas ações a ponto de fixarmos metas e finalidades que acabam impedindo a vivência do próprio processo, do rico caminho a ser percorrido. (Vianna, 2008, p. 100)

O processo é a pesquisa em movimento. No Salão do Movimento isso é evidente, pois todos ali pesquisam constantemente: professora e alunos, diretor, bailarina e equipe de criação, adultos, crianças e adolescentes. Pode-se dizer que é um espaço de pesquisa performativa (Haseman, 2015), no qual não somos guiados-pelo-problema – nas palavras de Haseman – ou dirigidos por metas e finalidades – nas palavras de Vianna –, mas sim guiados-pela-prática, interessados no rico caminho a ser percorrido.

O Salão do Movimento, como polo difusor da TKV, instiga diversas pesquisas acadêmicas de iniciação científica, mestrado, doutorado e pós-doutorado[6], além de estimular as pessoas a aprofundar sua pesquisa no curso de pós-graduação em Técnica Klauss Vianna na PUC-SP.

Foi nesse espaço efervescente que iniciei e continuo meus estudos e meu trabalho em TKV. Assim, segue abaixo um breve memorial de contextualização da atual pesquisa.

---

6. "Para citar alguns pesquisadores que fundamentaram sua pesquisa na experiência e estudos realizados no Salão do Movimento: Amaral, 2009 e 2014; Andreatta, 2010; Barros 2006 e 2012; Bittar, 2012; Freire, 2008; Massotti, 2012; Oliveira, 2009 e 2010; Pinto, 2008 e 2012; Razera, 2009 e 2010; Shiel, 2010; entre outros." (Miller, 2012, p. 18)

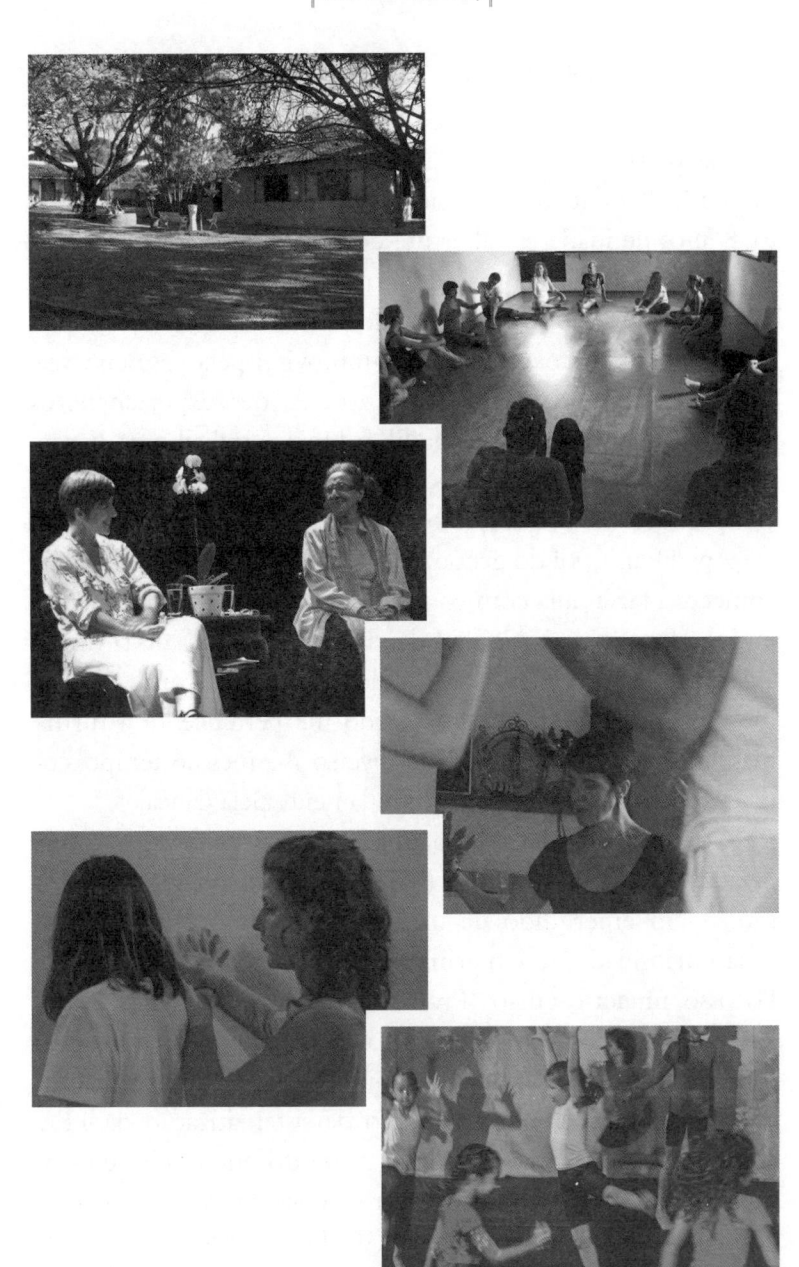

‖ UM FLUXO - BREVE MEMORIAL ‖

Minha participação nas aulas do Salão do Movimento com Jussara Miller data de sua inauguração, em 2001. Tinha, à época, 8 anos de idade e a abertura de aulas para crianças veio da necessidade de minha mãe de proporcionar, a mim e à minha irmã, algo que não fosse formatado e formatador (Miller, 2012, p. 86). Nesse contexto, dancei e improvisei pela primeira vez, aprendi o nome dos ossos e das articulações, experienciei os tópicos do processo lúdico da TKV. Hoje, o trabalho de Jussara Miller com TKV para crianças já está consolidado e pode ser estudado no terceiro capítulo do livro *Qual é o corpo que dança?*.

Aos 11 anos, saí do grupo infantil do Salão do Movimento e comecei a fazer aula com os adultos. Esse fato me gerou alguns incômodos devido à distância de idade e à diferença do ritmo da aula para o grupo infantil. Na adolescência, aos 14 anos, voltei a me envolver com as aulas, sentindo-me pertencente à turma, mas ainda necessitando de algo diverso. Ao mesmo tempo, comecei a me interessar mais profundamente pela dança.

Como filha, tinha acompanhado o processo criativo do espetáculo "Corpo sentado" (2005) e interessou-me ver uma montagem emergindo de uma sala de ensaio; surgiu, assim, uma curiosidade de experimentar na pele o suor da criação. Por isso, iniciei o curso "Processo criativo em Técnica Klauss Vianna" no Salão do Movimento. O curso consiste no aprofundamento da TKV com enfoque no corpo cênico. A cada encontro, trabalhamos um tópico da sistematização da TKV como tema de criação. Foi nesse contexto que criei meu primeiro solo, "Nós" (2009), li os livros *A dança* e *A escuta do corpo*, comecei a entender o contexto da TKV e me fascinei pelo trabalho. Foi também quando decidi fazer faculdade de Dança.

Em paralelo ao primeiro ano da graduação em Dança na Unicamp, em 2011, concebi o curso "Processo didático na Técnica Klauss Vianna", que aborda os tópicos corporais da TKV com enfoque pedagógico. O curso proporciona um aprofundamento para quem já é praticante da TKV, pois só é possível ingressar após no mínimo um ano de estudo prévio. Durante o curso, somos estimulados a ter uma turma de alunos com a qual pesquisamos as ações pedagógicas com orientação de Jussara Miller; e minha escolha foi em formar uma turma de adolescentes. Percebo nessa escolha uma busca por algo que senti falta na minha formação na TKV, uma vez que passei diretamente do grupo infantil para o grupo adulto. Essas aulas, embora trabalhem com os mesmos fundamentos, têm características singulares. A experiência didática com a adolescência me instigou de tal maneira que, desde então, continuo dando aulas e pesquisando as particularidades e potencialidades de ministrar a TKV com essa faixa etária.

Em 2014 e 2015, ainda graduanda da Unicamp, realizei uma pesquisa de iniciação científica intitulada "Outros caminhos de dança: Técnica Klauss Vianna para adolescentes", financiada pela Fapesp e com a orientação da Profa. Dra. Silvia Geraldi.

O projeto de iniciação científica surgiu da vontade de aprofundar e reconhecer com maior precisão as características do trabalho de TKV para adolescentes. Também me interessava experimentar a viabilidade de incluir sequências de movimentos previamente codificadas. Até então, eu utilizava, sobretudo, a improvisação para investigação do movimento, que é a principal estratégia da TKV. No entanto, percebi uma tendência nas alunas à repetição do movimento durante as improvisações, mesmo com a mudança de tópico. Diante disso, trouxe as sequências para que explorassem também outros caminhos de movimento, potencializando e aprofundando o entendimento e as possibilidades de cada tópico corporal estudado.

Essa hipótese foi alimentada pela minha experiência na graduação, uma vez que várias aulas partiam de sequências de movimento. Sendo assim, explorei os tópicos da TKV nesses movimentos codificados, aproveitando para aprofundar a pesquisa do que me era ensinado. Cabe aqui ressaltar a autonomia e a curiosidade para a constante investigação que a TKV desperta em seus praticantes:

> A partir do momento em que entra em contato com a Técnica Klauss Vianna, o aluno torna-se um pesquisador do corpo, não um reprodutor de movimento, mas um criador, um estudioso, um dançarino, um ser humano em autoconhecimento, e tudo isto se reúne em um único núcleo: o corpo a corpo com o próprio corpo. (Miller, 2007, p.16)

A iniciação científica teve duração de três semestres, nos quais trabalhei, respectivamente, o processo lúdico, o processo criativo – usando como temas de criação os tópicos do processo lúdico – e o processo dos vetores. Dessa pesquisa, foram escritos três relatórios para a Fapesp, nos quais são descritas as características das minhas aulas para adolescentes, cuja fundamentação teórica foi pautada principalmente nos próprios pesquisadores da TKV. Essa pesquisa, embora extensa em seu conteúdo, não o foi em seu alcance, uma vez que os relatórios da Fapesp não são disponibilizados ao público e nem mesmo à biblioteca virtual da Unicamp. Possui, além disso, um caráter catalográfico e um diálogo bibliográfico ainda reduzidos em relação à amplitude do assunto.

Em 2015, ingressei na pós-graduação *lato sensu* em Técnica Klauss Vianna na PUC-SP, onde tive contato com outros pesquisadores da TKV e com a Teoria Corpomídia. O curso ampliou meu referencial teórico e possibilitou a continuidade da pesquisa iniciada na graduação. Os desdobramentos dessa pesquisa estão nas páginas seguintes, nas quais abordarei como eu trabalho a TKV com adolescentes, adentrando em questões que emergiram do encontro entre a minha prática pedagógica e artística diária e os estudos teóricos.

2 | Outros caminhos de dança: Técnica Klauss Vianna para adolescentes

Semelhante às infinitas descobertas que a vida nos proporciona,
um processo didático e criativo é inesgotável.

KLAUSS VIANNA

Estimulada pelo gosto e pela curiosidade em trabalhar a TKV com adolescentes, passei a desenvolver estratégias a fim de alcançar um ritmo de aula que me fizesse cúmplice das alunas. Mesclando minhas experiências e estudos nas aulas da TKV para adultos e crianças, procurei por características específicas para as pessoas em adolescência.

Meu modo de ensino tem por base o trabalho didático de Jussara Miller, com quem mantenho uma prática continuada desde 2001. Minha formação, porém, foi marcada por diversos outros profissionais, que me instigaram outras inquietações, cujas respostas busco em minha prática diária. Por isso, embora muitas instruções tenham sido aprendidas nas aulas com Jussara Miller no Salão do Movimento ou, posteriormente, na pós-graduação em Técnica Klauss Vianna, trago em mim propostas de outros contextos de formação ou, até mesmo, crio novas instruções. Essa liberdade, similar à do processo de criação, é bem-vinda no pensamento da Escola Vianna, sempre cuidando para que os princípios de base e tópicos do trabalho sejam respeitados.

> No caso da Técnica Klauss Vianna, as instruções, como componentes de um sistema aberto, combinam-se de diversas maneiras entre si; estão abertas a interações, trocas na relação com os corpos e com outros trabalhos e ganham complexidade nestas relações; são flexíveis mas, principalmente, não perdem sua relação com o todo, com os princípios de base. (Neves, 2010, p. 60)

As aulas de dança para adolescentes que fundamentam esta pesquisa acontecem semanalmente no Salão do Movimento, com duração de 90 minutos e abrangendo jovens dos 11 aos 17 anos. Iniciei o trabalho em 2011, de tal maneira que tenho alunas que estão comigo desde o início do curso, fato que colabora com a observação da ressonância do trabalho continuado na TKV.

Uma característica relevante a ser observada é que, durante todos esses anos dando aula no Salão do Movimento, sempre tive somente alunas. Dessa observação, pode-se notar que, embora a proposta da aula tenha por base novos paradigmas da dança, os preconceitos e limitações socioculturais ainda são evidentes. A presença de uma maioria feminina em detrimento dos meninos em aulas de dança começa na infância, muitas vezes por escolha dos pais, que direcionam suas filhas para aulas de balé e ginástica, enquanto seus filhos são encaminhados para aulas de artes marciais, futebol etc. Isso é reflexo de uma sociedade machista, que impõe as características que devem ser desenvolvidas pelas meninas e pelos meninos, assim como as atividades mais adequadas para seu desenvolvimento. A garota, inserida nas sutilezas da dança, deve-se tornar, em seu futuro regido pelo patriarcado, delicada dona de casa, atendendo às necessidades do universo doméstico; ao garoto, direcionado ao ritmo marcial das lutas e do esporte, impõem-se como horizonte de expectativa as disputas do mundo dos negócios, do qual deve retornar com os espólios na forma de um bom salário de provedor. Se essa divisão entre gêneros e funções possui raízes socioculturais longínquas que aqui só podem ser aludidas, é notável perceber sua inserção mesmo em atividades infantis aparentemente inócuas, como o *baby class* do balé clássico ou a "aulinha de judô" das academias.

Na adolescência, isso se torna ainda mais forte, pois além de a dança ser considerada "coisa de menina", passa a ser vista como "coisa de gay" (Stinson, 1998 a e b). A questão dos meninos nas aulas, portanto, bate em dois grandes problemas socioculturais que vivemos há muito tempo: o machismo e a homofobia. Embora esse assunto mereça ser aprofundado e estudado com atenção, não é, no entanto, o foco deste trabalho. Dessa maneira, limito-me à conclusão de que o fluxo desequilibrado de meninos na sala de dança – independentemente de sua orientação sexual – reproduz a existência de um fluxo não igualitário de mulheres e homossexuais em todos os demais ambientes da sociedade.

Diante do fato de que a pesquisa de campo foi realizada apenas com meninas – salvo exceções em que tive a oportunidade de dar aula para adolescentes em outros contextos por breves períodos, caso de escolas e ONGs –, refiro-me às "alunas" e à "professora" toda vez que aludir ao contexto particular das minhas aulas no Salão do Movimento. Quando a consideração for mais ampla, considerando uma característica geral da TKV, trato como "o aluno", "o professor".

As alunas formam uma turma heterogênea, no que diz respeito às experiências corporais: algumas fazem aula no Salão do Movimento desde crianças, outras já tiveram diferentes experiências com dança, e ainda existem aquelas que nunca fizeram aula nenhuma nesse sentido. Essa diversidade é valorizada pela TKV, ao contrário do paradigma usual que divide por níveis os alunos entre iniciantes, intermediários e avançados.

> Essa abrangência de público é uma característica da Técnica Klauss Vianna, pois, estando todos com o propósito de aprender a escutar e respeitar o próprio corpo, é possível a participação de bailarinos, profissionais liberais, executivos, músicos, atores etc. em uma mesma aula. Nesse ambiente, não há espaço para que se instaurem ou se instiguem comparações e competições por vezes presentes em aulas de dança. Na prática Klauss Vianna, a proposta é de que cada um esteja focado no (re)conhecimento do próprio corpo, compartilhando com o outro suas experiências e vivências corporais. (Miller, 2012, p. 13)

Em diversos ambientes de aula de dança para adolescentes, a competição é estimulada, acreditando que a vontade de superar e de não se deixar ultrapassar provoque a evolução dos alunos. Nas aulas, não estimulo atitudes competitivas e nem mesmo as situações didáticas propostas permitem sua ocorrência, pois objetiva-se a pesquisa do movimento, a investigação e o desenvolvimento individual (mas não individualista). Nas aulas de TKV para adolescentes, o suor não surge pela frustração e dor, pois não segue a máxima *"no pain, no gain"* tão difundida no esporte e nos ambientes competitivos da dança. Na TKV, o suor nasce da investigação, são lágrimas sem dor que rolam pelo rosto de quem dança.

Uma característica da TKV que colabora para a conexão grupal é o não uso do espelho, elemento comum em aulas de dança. O foco do trabalho é no corpo sensível, e não no corpo instrumento para adquirir melhores habilidades mecânicas. Nas situações em que precisei dar aulas em salas com espelhos observei que os alunos ficam absortos em sua própria imagem, tornando a improvisação bidimensional e dificultando o ritmo de relações com o espaço e com os outros.

> Curioso, também, pensar no fato de a dança moderna haver proposto o expurgo dos espelhos da sala de aula. Interessada em uma maneira de dançar que fosse a do homem do século XX, cancelou a oportunidade de estímulos do exterior funcionarem como modelos para levar este homem a encontrar uma imagem interna. E a fazer deste exercício de descoberta da imagem corporal o seu ponto de partida. Assim, o cérebro, de fato, opera informações, em vez de se restringir a ver imagens já prontas. (Katz, 2005, p. 165)

Outra característica da TKV é o descarte do uso de imagens metafóricas para estimular a pesquisa do movimento. Na TKV, os estímulos partem do reconhecimento da ossatura ou de ações concretas pelas quais se investigam o movimento – a partir dos tópicos do processo lúdico – e os direcionamentos ósseos do processo dos vetores. O uso de imagens metafóricas, no entanto, é comum no meio da dança e Katz nos alerta sobre o risco dessa atitude em relação ao aprendizado do aluno.

> Talvez seja mais adequado permitir que cada qual construa o seu gesto sem estímulos além do necessário. Porque aquele passo não apenas nascerá *contaminado* pela imagem à qual foi associado como, a cada vez que os dois – passo e imagem metafórica – forem asso-

ciados vão montar determinado *mapa*. Nesse caso, o passo não é o passo, e sim o passo mais a sua imagem associada. Na medida em que o aluno mudar de professor ou de coreógrafo, precisará reconstruir o percurso daquele passo, para despoluí-lo da sua metáfora, caso o novo professor ou novo coreógrafo não partilhem do mesmo tipo de associação. (Katz, 2005, p. 164, grifos da autora)

Ao longo deste setênio de prática didática, desenvolvi uma maneira de lidar com o tempo e a estrutura da aula que me permite, ao mesmo tempo, uma organização do que pretendo trabalhar e a liberdade para investigações que venham a surgir no decorrer da aula. Em aspectos gerais, os elementos presentes nas aulas são: iniciar massageando os pés em roda; espreguiçar e conscientizar as sensações presentes; aquecer nos níveis espaciais, momento no qual já é possível introduzir o tópico que será trabalhado em aula; jogos de atenção e presença com deslocamento pelo espaço; alongamentos; improvisações para exploração e investigação do tópico que está sendo trabalhado; sequências coreográficas com foco no tópico estudado; improvisação final, na qual englobo tudo que foi explorado durante a aula. No entanto, esses elementos ocorrem de diversas maneiras, em diferentes ordens e abordando um tópico corporal por vez, como tema de pesquisa da aula.

Deparei também com a necessidade de uma pesquisa musical para encontrar as sonoridades que ajudassem o objetivo de cada etapa da aula. Diante disso, posso contar com a ajuda do pesquisador musical Christian Laszlo[7], meu pai. Essa parce-

---

7. Christian Laszlo trabalha como pesquisador musical e confecção de trilha sonora em espetáculos de dança. Em 2013, criou o evento "Difícil não dançar", caracterizado como um encontro de dança (Jam) movido por músicas não comerciais de diferentes gêneros.

ria é importante, pois descubro músicas que movem as alunas, sem me prender aos gêneros e características específicos do que é "música para adolescentes". Dou-me a liberdade de lançar mão de um amplo universo musical, e isso traz um retorno positivo na investigação do movimento, que não fica refém da música, mas em diálogo com ela. É possível, portanto, afirmar que o zelo pela escolha musical também é parte da pesquisa do professor de dança, em suas inúmeras estratégias como facilitador e provocador de processos.

É importante ressaltar que não existem regras ao se trabalhar a TKV com diferentes faixas etárias, pois os tópicos são os mesmos, não havendo, portanto, um método estanque de propô-los para crianças, adolescentes ou adultos. O importante é dar autonomia de pesquisa ao aluno, o que acontece independentemente de sua idade.

> Os Vianna foram responsáveis por uma importante quebra da abordagem pedagógica da dança no Brasil, pois trouxeram para a sala de aula a relação humana com o aluno. O professor deixa de olhar seus alunos como mais um aprendiz em treinamento e passa a enxergá-los como pessoas em processo de desenvolvimento, o que pode gerar uma transformação na postura desses alunos, que se reconhecem em pesquisa. A pesquisa da escuta do corpo é um processo sem pressa. Não buscamos o que é correto. Fazemos perguntas e muitas vezes chegamos a respostas temporárias, de tal maneira que é a processualidade que move a pesquisa. (Laszlo e Miller, 2016, p. 165)

O processo de perguntas acontece em todas as idades e o professor tem de estar aberto a dialogar com seres humanos que têm questões e respostas diferentes em cada fase do desenvolvimento. É difícil receber retornos verbais dos adolescentes sobre os seus percursos individuais de aprendizagem. Nota-se o desenvolvimento de cada aluna ao longo das aulas, sendo igualmente visível a diferença corporal que acontece após algumas propostas, mas quando as questiono para saber qual é a sua percepção sobre o assunto obtenho, com frequência, respostas evasivas e expressões superficiais, como "legal".

Traço um paralelo com a discussão apresentada pela pesquisadora estadunidense Susan Stinson (1997) em seu artigo "A question of fun: adolescent engagement in dance education". Nele, Susan entrevistou alunos que fazem aulas de dança em escolas nos Estados Unidos e, ao analisar as respostas, notou que vários caracterizavam as aulas de dança como "*fun*" (divertidas). Cada um, no entanto, usava a palavra em um sentido específico – em sua maioria positivo –, e quando se insistia no aprofundamento da resposta, esclarecia, de maneira mais ou menos profunda, o que queria dizer com essa expressão. No decorrer da prática com as adolescentes, também se pôde notar que o "legal" proferido pelas alunas se dá mais por uma superficialidade do discurso do que por uma indiferença à proposta.

Diante disso, insistiu-se no processo de perguntas, para que reconhecessem com mais clareza a experiência. Esse desenvolvimento da fala é necessário, sendo que é mais um reconhecimento do que se faz enquanto se faz. O contrário é estimulado em ambientes tradicionais de ensino da dança, onde se valoriza, na maioria das vezes, a execução silenciosa do corpo dócil (Foucault, 1987), seguindo a máxima: "Pare de pensar para dançar".

Com base na abordagem somática proposta pela TKV e no entendimento de corpomídia que fundamenta esta pesquisa, entendo que isso é inviável, uma vez que a dança é o pensamento do corpo, compreendendo que "[...] o termo pensamento está aqui empregado para designar uma maneira de organizar informações – uma ação, portanto, e não o que vem depois da ação" (Katz, 2005, p. 5). Dialogando com isso, Neves (2015, p. 155) nos apresenta que "perceber não é simplesmente ter estimulação sensorial, mas ter estimulação sensorial que se compreenda" e que, portanto, "quando se percebe, já se está pensando". As perguntas propostas por um professor de TKV têm o intuito de acordar a percepção do aluno, despertar essa camada profunda e, muitas vezes, desconsiderada do pensamento do corpo.

A particularidade dessa abordagem, além da faixa etária do grupo, também responde ao contexto no qual os alunos estão inseridos. Minha atuação como professora ocorre principalmente no Salão do Movimento, um espaço com características propícias para se desenvolver um processo de investigação em dança, pois possui um chão de madeira apropriado para o movimento, aparelhos de som e objetos facilitadores para as aulas (bolas grandes e pequenas, bambu, esqueleto), além de proporcionar uma relação com o ambiente externo à sala (quatro janelas que dão vista a um jardim).

Tive a oportunidade de trabalhar com adolescentes em outros contextos e cada um tinha suas particularidades que, evidentemente, interferiam no trabalho, pois o entorno faz que as perguntas e as necessidades mudem. Klauss Vianna (2008) apontava a necessidade de observar a relação entre a dança e o espaço onde se dança. Ser professor da TKV diz respeito a estar atento, observar o que o cerca e fazer a dança surgir daí. O professor não deposita seus conhecimentos e habilidades em cada lugar que vai, mas observa, dialoga, provoca, investiga e constantemente aprende, em pesquisa.

Busco propor esses outros caminhos de dança, apresentando aos adolescentes uma abordagem que não a dos apelos das grandes mídias na comunicação de massa. Os caminhos, no entanto, serão continuamente outros, pois será sempre uma descoberta, pessoas novas virão e outras seguirão, e a mudança ocorre nesse processo contínuo de pesquisa.

Antes de me aprofundar em cada tópico do processo lúdico e do processo dos vetores, apresentarei como trabalho as sequências de movimento nas aulas, esclarecendo as particularidades dessa abordagem em uma aula de TKV.

‖ UM CAMINHO ‖

"Não decore passos, aprenda um caminho."
Klauss Vianna

Como colocado no primeiro capítulo, a curiosidade de trabalhar sequências de movimento em aula surgiu no contexto de pesquisa da iniciação científica, inspirada pelas experiências como graduanda em Dança na Unicamp, em que pude pesquisar, por iniciativa pessoal, os tópicos da TKV nas sequências coreográficas dos professores. O uso dos vetores e tópicos facilitava a apreensão e execução dos movimentos dessas aulas. No entanto, os passos de dança que aprendia na universidade também mudavam as minhas improvisações, criações e pesquisa na TKV, pois surgiam caminhos de movimento até então desconhecidos. Com isso, surgiu a possibilidade de essa ser mais uma estratégia em aula, capaz de diversificar a experiência e, assim, expandir as possibilidades de investigação. Neide Neves (2010, p. 60) esclarece como acontece esse diálogo da TKV com outras técnicas:

O diálogo com outras técnicas acontece quando há questões em comum e a troca pode acrescentar informações, auxiliando na criação de novas estratégias. Por outro lado, como a Técnica Klauss Vianna é eficaz na complexificação das habilidades sensoriomotoras, torna-se também uma base bastante concreta e esclarecedora para a abordagem de outras técnicas corporais no campo da arte e não apenas. Contribui para a formação de um corpo bem estruturado e disponível para a pesquisa em várias linguagens estéticas.

As experiências de movimento das adolescentes vêm de todas as suas vivências: das brincadeiras de infância, dos movimentos realizados diariamente na escola, dos esportes que praticam, das horas com o celular, do corpo sentado em sala de aula, da maneira como se deslocam na cidade e, junto com tudo isso, das aulas semanais de TKV. A investigação dos tópicos corporais da TKV mediante as improvisações suscita outros caminhos de movimento e, portanto, qualidades motoras diversas. Do mesmo modo, as sequências de movimento são propostas no intuito de ampliar ainda mais o conhecimento motor. Katz (1997, p. 22) coloca que "para improvisar, um corpo precisa haver colecionado muitas experiências motoras. A sua capacidade de inovar parece depender totalmente da sua habilidade em haver adquirido muitos conhecimentos motores".

A criação das sequências de movimento parte do tópico corporal trabalhado em aula, abordando diferentes configurações espaciais: em roda, com uma frente específica, atravessando o espaço etc. Não as proponho no início da aula, para não fixar uma maneira de abordar o tópico já na primeira experiência. Do mesmo modo, não finalizo a aula com as sequências, pois estimulo as alunas a investigar como os caminhos de movimento trabalhados nas sequências aparecem e se transformam, em suas próprias investigações de improvisação.

Prezo para que a forma, o passo, surja como consequência da investigação do tópico corporal e não como imposição do certo. Nas improvisações finais, torna-se visível que as alunas se apoderam de aspectos das sequências em seus movimentos, deixando claro o que Vianna (2008, p. 30) propõe: "O problema é que o professor e bailarinos repetem apenas a forma e isso não leva a nada. O processo deveria ser o oposto: a forma surgir como consequência do trabalho".

Portanto, a inclusão de sequências de movimento, em uma aula na qual a investigação é prioritariamente com base na improvisação, atua em sinergia com o desenvolvimento singular de cada praticante, fornecendo de maneiras distintas o empoderamento de diversos caminhos de dança. "Assim, a forma final do movimento deve conter a percepção daquilo que o provocou e tudo mais que o transforma a cada momento. Dessa maneira, ele vem carregado da integralidade do corpo" (Neves, 2008, p. 50).

A partir do momento em que se entende a processualidade do passo de dança, fica claro que o ensino e aprendizado de uma sequência não são os do "movimento pronto". Existe, sim, uma maior taxa de estabilidade, no entanto as informações vão entrar em contato com cada aluno de uma maneira distinta, pelo processo de contaminação que é singular. "A proposta aqui é a de que se possa reconhecer como passo todo e qualquer movimento que se desenha ao longo do tempo, qualquer movimento cuja forma de ser realizado ganha estabilidade e passa a ser reconhecido na sua singularidade" (Katz, 2009, p. 28). Com isso, as observações não são pautadas no "acerto" ou no "erro" do passo, mas sim no impulso que gera aquele movimento proposto.

Os estudos da ciência cognitiva e da comunicação nos aju-
dam a compreender que a repetição idêntica é impossível e de
que maneira o corpo lida com as informações que chegam e
se organizam. Neves (2008, p. 86, grifos da autora) traz os estudos do neurologista Gerald Edelman, traçando relações com a
TKV, esclarecendo que:

> As características gerais de uma performance particular *podem*
> ser similares a uma performance prévia, mas os conjuntos de
> neurônios que fundamentam duas performances *similares,* em
> diferentes momentos, podem ser, e *geralmente são, diferentes.*
> Esta propriedade garante que uma ação possa ser repetida
> apesar de mudanças notáveis no contexto, com a experiência
> em andamento.

Com isso, é possível concluir que as mudanças fazem parte
do processo de repetição, de tal maneira que a diferença individual aparece e pode ser estimulada em aulas que privilegiam
o uso de movimentos codificados; assim como trabalhos que
priorizam o desenvolvimento de movimentos pessoais, podem
cair num automatismo, uma vez que "o movimento que não
começa copiando um passo existente também tende a ganhar
estabilidade ao longo do tempo" (Katz, 2009, p. 29). Diante
disso, podem ser bem-vindas algumas instruções mais codificadas para acordar novas possibilidades.

Aqui, portanto, voltamos para um princípio fundamental
da TKV, que é o estudo da presença com base na atenção a si,
aos outros e ao ambiente. Caso não haja esse engajamento com
a presença, o trabalho pode deslizar no automatismo, reforçan-
do os padrões de movimento em detrimento da relação dinâmica consciente entre corpo e ambiente.

O foco da aula é no desenvolvimento da autonomia e na singularidade de cada aluna, no desenvolvimento do movimento pessoal e presente de cada uma delas em troca com o grupo. As sequências surgem como estratégia para esse objetivo, e não como o objetivo em si.

[...] ao improvisar em dança é pedido que aprenda uma nova rotina, isto é, que aprenda a desarticular aquilo que estava estabelecido como formas de conexão habitual no seu corpo. Esta, todavia, é uma rotina de ordem um tanto diversa das outras, uma vez que implica, basicamente, buscar recursos exploratórios e não consolidar famílias de movimento. Para realizar essa tarefa, o corpo conta com um vocabulário e as experiências confirmam que quanto mais sólida for a formação deste corpo, mais apto ele estará a realizar as desarticulações que pretende. Não se trata de um paradoxo, mas de uma condição. (Katz, 1997, p. 21)

Outra característica específica do meu trabalho com sequências coreográficas é que a sua invenção se dá de acordo com o tópico corporal trabalhado, não se tratando de sequências preexistentes com passos codificados que seguem uma ordem mais ou menos fixa. Elas também não são repetidas em todas as aulas, são usualmente retomadas por duas ou três aulas, geralmente incluindo ou transformando os movimentos. Acredito que esse seja um caminho possível para que essa estratégia seja uma maneira de investigação da TKV, mantendo a relação com a prestigiada frase de Klauss Vianna: "Não decore passos, aprenda um caminho". A meu ver, o que difere as duas sentenças na frase de Vianna é, principalmente, a diferença da natureza do verbo. Não há interesse de que as alunas *decorem* as sequências e os passos, mas me ocupo para que elas *aprendam* o caminho que impulsiona aquele movimento no espaço, e esse percurso do aprendizado é repleto de pessoalidade.

‖ PROCESSO LÚDICO ‖

Tudo dá certo quando a gente é mais alegre!
ANGEL VIANNA

O processo lúdico é o despertar para a pesquisa do movimento, o acordar para a investigação, o reconhecimento do corpo e suas possibilidades. É composto por sete tópicos corporais – presença, articulações, peso, apoio, resistência, oposição, eixo global –, todos interligados, organizados de uma maneira que possibilita o convite de um tópico para o outro.

Em primeiro lugar, é necessário focar os diferentes estados de atenção para trabalhar a presença, convidar o aluno para o espaço de investigação em dança, que é a aula. É comum que as alunas sejam de início tímidas, ou cheguem com ideias preconcebidas do que é uma aula de dança, esperando que seja apresentado o que devem fazer, aguardando correções com base em certo ou errado e, acima de tudo, na expectativa de que haja uma uniformidade do grupo ao dançar. Muitas vezes, chegam com a musculatura encurtada, com um desconhecimento do alinhamento postural e com tensões corpóreas de diversas ordens. Muitas também possuem um histórico de sedentarismo[8]. O processo lúdico age sobre tudo isso, pois:

---

8. No Brasil, dados do Instituto Brasileiro de Geografia e Estatística apontam 80,8% de adultos sedentários. Mello *et al.*, em um levantamento na cidade de São Paulo, encontraram uma prevalência de sedentarismo de 68,7% em adultos. Adolescentes são alvo de estudos em todo o mundo, por apresentarem altos índices de comportamento de risco, como o decréscimo do hábito regular de atividade física, hábitos alimentares irregulares e transtornos psicológicos; além disso, outros estudos têm afirmado que hábitos de atividade física na adolescência determinam parte dos níveis de atividade física na idade adulta. (*Revista Saúde Pública*, 2004. "Sedentarismo em adolescentes". Disponível em: <www.fsp.usp.br/rsp>. Acesso em: 7 abr. 2017).

Aos poucos, na sala de aula, as pessoas vão perdendo o medo de si e umas das outras. Algum constrangimento inicial de se expor, de se movimentar, ou ainda de permitir-se novas vivências corporais vai se diluindo e se transformando numa postura de cumplicidade, e o terreno desconhecido do início do processo vai se tornando acolhedor. O aluno vai desapegando, aos poucos, do resultado almejado e vai priorizando o processo. (Miller, 2007, p. 55)

No entanto, isso é fruto de muito trabalho, de um processo desapressado de desestruturação de padrões de movimento e de antigos conceitos sobre o corpo e a dança. Em relação ao segundo caso, gostaria de destacar a supremacia do balé clássico em uma suposta hierarquia das danças, pois ainda neste século se impõe a ideia de que para se adquirir "técnica" de dança, não importa qual, é obrigatório o aprendizado do balé.

Treinar significa construir mapas corticais. Assim, deve-se conectar o mais estreitamente possível a ambição estética de um corpo à sua ação de treinamento técnico. Quanto mais estrutural, maior a gama de estéticas que uma técnica consegue servir. Por isso, muitos ainda divulgam erroneamente o balé como *a base para tudo*. Todavia, o fato de ele permitir uma aplicabilidade ampla – isto é, conectar-se bem a várias estéticas, além da sua própria – não significa que facilite todas as estéticas. (Katz, 2005, p. 166, grifos da autora)

Klauss Vianna (2008, p. 130) nos alerta sobre a impossibilidade de se pular etapas em arte, pois o aprendizado exige um tempo, que é individual. Esse tempo precisa ser consciente, pois o aprendizado apressado implica um esquecimento de igual velocidade. Esse lugar da investigação, no entanto, costuma ser desafiador para as pessoas, independentemente da faixa etária, dado que "existe um medo muito grande do autoconhecimento e a maioria das pessoas não resiste ao processo inicial, que, sem dúvida, requer uma grande dose de vontade e despojamento".

Noto que o "despojamento" de que fala Vianna ocorre na medida em que as alunas se sentem seguras no grupo. Desse modo, meu primeiro objetivo é construir a noção de grupo para que a aula seja baseada na cumplicidade e no reconhecimento das individualidades, pois "se as pessoas não se conhecem nem possuem individualidade, não há como participar do coletivo" (Vianna, 2008, p. 32). Portanto, junto a propostas e jogos corporais que visam especificamente estimular a coletividade, abrem-se espaços de diálogo na aula, caso da roda de sensibilização dos pés na etapa inicial de todos os encontros. É um momento importante, em que elas podem compartilhar sensações da aula anterior, vivências, trocar ideias sobre livros e filmes que têm visto ou sobre qualquer outro assunto de seu interesse. Eu me envolvo com esses assuntos, perguntando-lhes coisas e contando um pouco sobre mim.

A partir do momento em que o grupo se instaura e existe cumplicidade e respeito entre as alunas e professora, elas deixam de se preocupar em "acertar" ou "errar", entrando no espaço da exploração e descoberta. Com essa postura investigativa, é possível adentrar nos tópicos da TKV. Além disso, iniciar a aula dessa maneira introduz o rompimento da barreira que separa a sala de aula de dança com o cotidiano, da mesma forma que desestrutura a barreira professor-aluno.

> Quando iniciamos um trabalho corporal da maneira como proponho, esteja ele voltado para a dança, o teatro ou qualquer outra atividade, a primeira necessidade que se impõe é a derrubada da parede que separa a sala de aula, onde exercitamos nosso corpo, do mundo exterior, onde vivemos nossa vida cotidiana. Não podemos nos esquecer de que o corpo que queremos exercitar é o mesmo com o qual nos acostumamos a correr, brincar, amar ou sofrer. Quanto mais levarmos em conta essa dimensão existencial revelada por meio do nosso corpo, quanto mais considerarmos as dúvidas e os questionamentos que nascem na relação com o mundo exterior, mais proveitoso poderá vir a ser o trabalho realizado e tanto mais rico o resultado obtido. Por outro lado, a relação professor-aluno não deve ser muito diferente das relações que mantemos com as pessoas em nossa vida diária. (Vianna, 2008, p. 110)

Toda investigação da TKV exige como atividade diária a atenção e a observação. Caso contrário, o automatismo e a repetição de padrões bloqueiam a experiência do trabalho. A escuta do corpo propicia a atenção necessária para o mergulho na pesquisa da TKV, da mesma maneira que possibilita a percepção dos estados corporais, das emoções que emergem do dançar. "Não há nenhuma percepção, sensação, movimento que não seja acompanhado de emoção ou que não induza a uma emoção" (Neves, 2015, p. 176).

Klauss Vianna (2008, p. 113) é enfático em várias passagens de seu livro sobre a importância das emoções em suas aulas, das emoções para dançar, para escutar a música, para se colocar no espaço, para abrir espaços articulares. Alerta sobre o perigo de perseguir formas, em vez de demonstrar a emoção do movimento. "É muito difícil manifestar um sentimento, uma emoção, uma intenção, se me oriento mais por formas condicionadas e conceitos preestabelecidos do que pela verdade do meu gesto." No que diz respeito à emoção e ao sentimento, os estudos de Neves (2015, p. 176), a partir de António Damásio, explicam:

> O afeto inclui emoções e sentimento. As emoções ocorrem no teatro do corpo e os sentimentos, no teatro da mente. Na cadeia complexa de acontecimentos que começa na emoção e termina no sentimento, a parte pública do processo é a emoção e a privada é o sentimento. O sentimento é a representação mental, enquanto o mapa cerebral, da emoção. Como diferentes manifestações do afeto, ambos envolvem movimento.

A pesquisadora Christine Greiner (2010, p. 88), também dialogando com Damásio, comenta que essa explicação não trata de uma dicotomia entre corpo e mente, mas, pelo contrário, fortalece a noção de que os atributos do corpo e da mente constituem uma substância única. Portanto, "no corpo, ficção e verdade são absolutamente reais". E Klauss Vianna (2008, p. 141) já nos adiantava: "A emoção não é forma, a emoção é movimento".

No que diz respeito às emoções em aula, é importante estar atento ao fluxo da respiração de cada aluno. A respiração na TKV não é induzida pelo movimento, tampouco o seu ritmo é por ele ditado. O que fazemos é observá-la – dado que o próprio ato de observação interfere na respiração – e cuidar para que não seja retida. A respiração é um processo de troca com o ambiente, com o mundo que nos cerca e está diretamente ligada às nossas emoções. "A respiração abre espaço para percebermos musculaturas profundas que, simbolicamente, chamamos de musculaturas da emoção. O primeiro passo em direção a uma maior harmonia interna é deixar o ar penetrar fundo em nosso corpo" (Vianna, 2008, p. 70).

Durante as aulas, o aluno é convidado para essa profunda expiração. Como diz Jussara Miller em aula, "deixe sair o ar velho na expiração para renovar o ar com a inspiração. A respiração é o alimento do movimento". É possível que, junto com o ar expirado, sejam expelidos velhos e viciados conceitos de dança, de beleza e de movimento. O ar novo que penetra no corpo, em todas as células, desperta-o. Do mesmo modo, foca a atenção para a investigação do movimento.

Iniciamos o processo lúdico com os estudos da presença e, depois, reconhecemos as articulações do corpo, seus nomes e possibilidades de movimento, individualmente e em conjunto. Em seguida, levamos a atenção para o peso do corpo e aproveitamos a força da gravidade em nosso movimento de diversas maneiras. Da sensação do peso, é possível acionar os apoios ativos e, como consequência, o corpo é direcionado antigravitacionalmente, na medida em que pressionamos o chão. Passamos a dançar com o tônus adequado conquistado com o apoio ativo, acionando, simultaneamente, a musculatura agonista e antagonista e, com isso, experienciando a resistência no movimento. Dessa intensidade de empurrar para todas as direções surgem as oposições, que conectam o corpo com o chão e o ar, com atrás e à frente, com um lado e outro, uma diagonal e outra; o movimento ganha, portanto, tridimensão e espacialidade. Como consequência, o eixo global é conquistado, percebendo-se então o centro de força e sustentação, localizado na região da pelve. A partir desse percurso, é possível passar para o estudo das direções ósseas, o processo dos vetores.

A seguir, abordarei cada um dos tópicos do processo lúdico da TKV e a maneira como os trabalho em aula.

Presença

> A atitude de atenção ao próprio corpo, ao mesmo tempo que ao espaço e às pessoas, altera nitidamente o tônus muscular, trazendo a qualidade de presença e prontidão para o corpo e os movimentos e a percepção dos estados corporais. Da mesma forma, a atenção coloca a pessoa no momento presente, favorecendo a troca consciente com o ambiente. (Neves, 2008, p. 84)

O primeiro tópico da TKV é responsável por acordar o aluno para o momento presente: para si, para o espaço e para o outro. Dou especial atenção a esse tópico nos primeiros dias do curso, para que as pessoas se observem, saibam o nome de cada um, entendam aquele espaço como um lugar de investigação e desafio. Iniciar o trabalho pelo tópico da presença possibilita a conexão e cumplicidade do grupo, que se mostraram fundamentais no trabalho com adolescentes.

Quando chegam alunas novas, costumo usar a "roda dos nomes", uma das estratégias da TKV. Em sua versão mais simples, a proposta é olhar para uma pessoa da roda, dizer o nome dessa pessoa, caminhar em sua direção e tomar o seu lugar. A pessoa escolhida faz, então, o mesmo processo. A cada vez que refaço essa proposta, modifico algumas características do jogo, incluindo elementos e complexificando as possibilidades de conexão. Essa atenção necessária para aprender o nome, olhar, escutar e jogar com o outro aproxima e encoraja as pessoas. Percebo em alguns adolescentes uma dificuldade de olhar e se deixar ser olhado. Esse jogo abre esse espaço da troca, que será necessário durante todas as aulas.

Além do reconhecimento do grupo, esse é o momento de reconhecimento do próprio corpo e de seus processos de atenção.

Vejo nas alunas iniciantes um anseio por "uma aula de dança" e acredito que cada uma imagina essa aula à sua maneira; no entanto, é próxima da unanimidade a expectativa para que eu mostre o que elas devem fazer. Por isso, busco propostas de atenção para que iniciem a pesquisa dos seus movimentos, das suas possibilidades singulares, rompendo com a expectativa do professor modelo.

Um recurso que me pareceu favorável para essa etapa inicial foi o trabalho com expansão e recolhimento. Essa estratégia se mostrou eficiente em vários sentidos, pois ela necessariamente envolve o corpo todo, com especial atenção à coluna vertebral, região frequentemente esquecida nas improvisações. Possibilita, ao professor, a observação dos padrões e das tendências daquele aluno que está chegando, se ele tem mais dificuldade de expandir e se projetar no espaço ou de se flexibilizar para o recolhimento. O olhar durante a investigação das expansões e dos recolhimentos necessariamente transita pelo espaço tirando o foco do aluno no professor e, como é uma proposta relativamente simples, não gera o medo de estar fazendo "errado" diante do grupo.

Quando uma pessoa instaura o estado de presença, ela ocupa por inteiro o espaço. Para isso, é necessário acordar também a percepção do entorno com o olhar curioso e receptivo. A estratégia referida – expansão e recolhimento – se mostra favorável agora com o foco da atenção no espaço. Quando o grupo se aproxima (recolhimento) e se distancia (expansão), percebe esses extremos, resultando na percepção do espaço equilibrado.

> O espaço é uma coisa limitada e, paradoxalmente, sem limites. Como tudo na vida. Ao dançar, não podemos perder de vista esta noção: somos o centro do espaço que nos cerca e nele existimos como indivíduos, como pessoas, como seres humanos, estabelecendo nossa relação com o mundo. O ritmo do

universo é composto de expansão e recolhimento. Somos, também, expansão e recolhimento, cada célula é expansão e recolhimento. (Vianna, 2008, p. 79)

Embora dedique algumas aulas especialmente para o tópico presença, a escuta do próprio corpo, a percepção do espaço e a cumplicidade do grupo têm sempre de ser reconquistadas e atualizadas. Portanto, são abordadas em todas as aulas em diversas estratégias, afinal, são necessárias a conquista e a manutenção da presença de cada um a cada momento. O tópico presença perpassa e alimenta o trabalho de todos os demais tópicos da TKV, exaltando suas qualidades e características.

Articulações

O tópico articulações propõe um reconhecimento das dobradiças do corpo, visando ampliar os espaços articulares. Para isso, são reconhecidas e sensibilizadas todas as articulações do corpo, sempre as nomeando anatomicamente para facilitar o entendimento do aluno. São exploradas as possibilidades de movimento de todas essas – o que chamamos de movimento total – ou de apenas uma – movimento parcial. Desse modo, o aluno percebe gradualmente a totalidade do corpo e "entra em contato com suas tensões musculares, percebendo qual articulação está limitada, como desbloquear as tensões cerceadoras do movimento, conquistando, assim, maior liberdade para se mover" (Miller, 2007, p. 64).

A partir desse mapeamento das articulações e das suas possibilidades de movimento, crio diferentes dinâmicas e propostas. Um exemplo é a alternância de qualidades no movimento total e no parcial. Noto com frequência que a fluidez é usada no movimento total, enquanto o movimento parcial se torna algo repetitivo e *staccato*, um "mexe-mexe" mecânico. Investigar as articulações separadamente amplia a percepção do corpo todo, de tal maneira que a dissociação é, na realidade, um trabalho global. Com isso, os alunos desenvolvem a consciência não só da flexibilidade de cada articulação como também das qualidades de movimento possíveis em cada uma isoladamente (*movimento parcial*) e em todas (*movimento total*).

> A musculatura é tão complexa e articulada que é possível partir de qualquer parte do corpo e mexer com a totalidade: se mexo um dedo da mão, mexo também com todos os ossos do corpo. As articulações estão interligadas e qualquer movimento em determinado osso ou músculo leva informações para o resto do corpo. (Vianna, 2008, p. 140)

As propostas de relação com o grupo são variadas nesse tópico. Exploram-se as possibilidades de jogo e composições grupais a partir da investigação do movimento total e parcial. Um exemplo é a proposta de que todas as alunas permaneçam em movimento parcial, enquanto somente uma se desloca pelo espaço em movimento total, e vice-versa. Tal proposta, assim como outras possíveis, proporciona a escuta do outro e a percepção do espaço. A ampla gama de possibilidades de investigação do tópico evidencia a processualidade e inventividade do trabalho, características, em geral, pouco exigidas no cotidiano escolar dos adolescentes.

Peso

A investigação desse tópico parte da liberdade das articulações, o que permite o reconhecimento do peso de cada região do corpo. É importante, no entanto, ressaltar a diferença entre relaxamento e abandono, às vezes confundidos pelos alunos durante a experiência. O objetivo do tópico é a consciência do relaxamento no movimento e na pausa, gerando uma movimentação sem tensões e esforços desnecessários. O uso do peso, portanto, pode resultar na leveza do movimento. A partir disso, é possível desdobrar a investigação do movimento para diversas maneiras do uso do peso.

A percepção do peso evidencia a dosagem do tônus muscular [...], pois, quando eu me excedo na tensão da musculatura, a sensação de peso desaparece e, como consequência, a articulação se retrai. E quando eu doso a tensão na musculatura, equilibrando o tônus muscular, isso resulta numa sensação de leveza, com esforço adequado para executar o movimento, transformando, assim, tensão muscular em "atenção muscular". (Miller, 2007, p. 65)

Em suas aulas, Jussara Miller ressalta três qualidades do uso do peso: entrega, impulso e fluência. Com isso, o peso é explorado de diversas maneiras, o que aprofunda o entendimento das possibilidades do tópico. Alguns objetos facilitadores podem ser utilizados, como bolas nas mãos para auxiliar no entendimento do impulso a partir do peso dos braços ou mesmo bolinhas para massagear as costas quando se está deitado, e assim fazer o reconhecimento da soltura do peso do corpo a favor da gravidade (antes, durante e depois). Tais estratégias tornam claro, a partir do reconhecimento das diversas tensões desnecessárias, que o relaxamento é direcionado consciente e intencionalmente.

Na maioria das vezes em que vivenciei o processo lúdico, a proposta inicial para percepção do peso era em duplas, na qual uma pessoa ficava deitada enquanto a outra elevava e soltava determinadas regiões do corpo do colega – por exemplo, mãos, antebraço, pernas. O intuito é que a dupla perceba o peso, a mobilidade das articulações e a entrega necessária para a soltura a favor da gravidade – uma vez que quem está deitado deve deixar que o outro seja responsável pelos seus movimentos. No entanto, essa estratégia, utilizada em aula para adultos, nem sempre gera repercussões positivas no grupo de adolescentes como introdução do tópico, pois o toque, às vezes, pode causar mais tensão do que relaxamento. Quando necessário, portanto, busco outros caminhos para introduzir esse tópico, deixando essa proposta para um segundo momento do estudo do peso.

A partir do momento em que a confiança do toque fica presente para a turma, também é possível propor o estudo do contrapeso em relação à outra pessoa, explorando um terceiro eixo criado pelo encontro de duas pessoas, possibilitando outras investigações e possibilidades de movimento.

Para a percepção da qualidade de entrega do peso em fluxo de movimento no nível baixo, proponho sequências de rolamentos no chão. Construo as instruções para que as sequências possam se somar às improvisações e vice-versa, pois são ambas propostas de estudo do uso do peso para o fluxo do movimento. Quando eu proponho, num segundo momento, que elas explorem rolamentos livremente, percebo uma melhora de entendimento dos caminhos do movimento e uma segurança maior em inventar seus próprios caminhos no espaço.

Conforme aprofundamos na exploração do tópico peso, intercalo todas as qualidades em uma mesma proposta de improvisação, para que as alunas investiguem e reconheçam se de fato sentem essas particularidades do uso do peso. Nesse momento, proponho a observação: algumas alunas fazem e outras assistem com o objetivo de reconhecer na colega as diferentes qualidades do uso do peso para o estudo do movimento em relação à força da gravidade.

Esse tópico também possibilita o estudo do alongamento, pois conduz à percepção de que o próprio peso do crânio e do tronco à frente intensifica o alongamento da musculatura posterior. Frequentemente, o aluno fica se puxando e forçando o alongamento, encurtando, assim, os espaços articulares, em especial o da coluna cervical.

Apoios

A partir da percepção do peso do corpo, é possível acionar o apoio ativo, que consiste na ação de empurrar o solo a partir dos diversos contatos que se estabelecem com o chão, provocando assim uma força reação em sentido oposto. Isso tanto direciona o corpo em sentido ascendente quanto amortece o movimento quando nos direcionamos para o nível baixo, até mesmo evitando impactos em relação ao chão. A terceira Lei de Newton explica esse fenômeno que experimentamos em dança: ao aplicarmos uma força em uma superfície/objeto, recebemos a mesma força na mesma direção, mas em sentido oposto. Nós empurramos o chão e o chão nos empurra de volta.

Essa relação é mais clara nas mãos, pois usamos com frequência esse apoio ativo no cotidiano – por exemplo, ao empurrarmos os braços de uma cadeira ao nos levantarmos – por isso, inicio propondo o reconhecimento do apoio ativo das mãos em diversas posições no chão, para depois expandir essa investigação para outras regiões do corpo. Para usar os apoios ativamente, enfatizo a percepção do corpo no chão por meio da consciência das articulações e do peso, mapeando os apoios antes de começar a ativá-los. Dessa maneira, fica clara a interdependência entre os tópicos, uma vez que, para tal percepção, foi necessário passar pelos tópicos anteriores.

A pesquisadora Letícia Teixeira (2000, p. 258), ao abordar as aulas de Angel Vianna, comenta que "ao se deitar no chão, cada parte do corpo é mencionada para que se verifique, por exemplo, as áreas que tocam e aquelas que estão distantes do chão, os espaços vazios, as regiões, que possuem mais apoios, as áreas de contato leve etc.". A conscientização dos vários pontos de apoio no chão e das possibilidades de pressioná-los para gerar movimento acontece tanto nos níveis baixo e médio – nos quais se tem maior superfície de apoio com o solo – quanto no nível alto. Nesta última situação, mediante a mesma percepção dos pontos de contato, desenvolve-se a consciência do triângulo dos pés – apoio do calcanhar, do primeiro metatarso e do quinto metatarso –, aguçando, com isso, a percepção do caminhar, os padrões e as tendências da pisada e da marcha, os arcos do pé para que cada uma se conscientize de sua base e do alinhamento dos pés. "Na situação ereta, o peso do corpo se reparte em três pontos de apoios nos pés, formando um triângulo que se torna o único contato do complexo esqueleto humano com o chão" (Teixeira, 2000, p. 250). É o começo do estudo do alinhamento do corpo que estará presente em todas as aulas e que, na TKV, inicia nos pés.

Nesse tópico, é proposto o estudo do caminhar. Na TKV, em especial no trabalho para adultos, a marcha é muito investigada, uma vez que se inicia no andar a descoberta da relação dos pés com o chão – e as consequências disso no alinhamento do corpo e no alívio das tensões desnecessárias –, assim como do direcionamento da atenção para o espaço e para o grupo. Esse estudo perpassa todos os tópicos, uma vez que é possível mudar o foco de atenção do caminhar, dependendo do que está sendo trabalhado. Nas aulas para adolescentes, também utilizo essa estratégia diariamente, seja como momento de chegada ao espaço e ao grupo ou como momento de transição e estudo durante a aula.

A investigação da marcha se desdobra para movimentos desafiantes em sua relação com a gravidade, como, por exemplo, deslocamentos acelerados, saltos, equilíbrio, paradas de mão, pontes, estrelas, inversões etc. Como esse é um momento mais exigente da aula, é necessário dedicar maior atenção a cada aluna, para que as inseguranças e os limites corporais sejam respeitados. Quando percebo que alguém está com medo de experimentar alguma proposta, busco oferecer alternativas a partir do tópico trabalhado. Um exemplo recorrente disso é com o movimento de estrela, que várias alunas sentem medo de experimentar. Uma vez que o foco da investigação é na transferência de apoios ativos dos pés para as mãos, e não na execução perfeita da estrela, proponho que experimentem tirando apenas um pouco os pés do chão. Desse modo, gradualmente, ganham segurança de tirar os pés do chão e aprendem a fazer a estrela.

O importante é se desprender da frustração do "não consigo" e criar o desafio do "ainda não consigo, estou em processo".

Resistência

O tópico resistência vem após o apoio ativo, uma vez que esse possibilita o enraizamento necessário para o tônus de resistência. Ao intensificar a ação de empurrar o chão, a parede ou qualquer outra superfície de apoio, eleva-se o tônus[9] do corpo todo, acionando as musculaturas agonista e antagonista,[10] proporcionando maior tridimensionalidade ao movimento.

O tópico resistência requer intensidade da força muscular para o movimento. É comum que, ao experimentar esse tópico pela primeira vez, o aluno intensifique com exagero o tônus em determinada região, tensionando-a desnecessariamente e, por consequência, fechando os espaços articulares. Também pode ocorrer o contrário – o aluno não atingir o tônus de resistência, o que resulta em um movimento lento, mas sem densidade. Embora os movimentos mais lentos ajudem na percepção da resistência, a lentidão não garante *per se* um tônus mais elevado, de tal maneira que também é possível explorar a resistência em movimentos rápidos.

Neste tópico, propõe-se um trabalho em dupla ou em trios para que se empurre o corpo do outro, provocando o tônus de resistência. Uma pessoa da dupla oferece uma força

9. "O termo tônus é usado, como aliás se verifica na prática de vários trabalhos corporais no campo artístico, não em sua estrita acepção fisiológica, mas de uma forma mais livre, significando um estado muscular geral reconhecido como atitude de um corpo num momento específico ou constante." (Neves, 2010, p. 43)
10. Os músculos agonistas são aqueles que causam o movimento, enquanto os antagonistas são os contrários ao movimento, que agem como reguladores da rapidez e da potência da ação.

em alguma parte do corpo e a outra empurra em sentido oposto; com isso, estabelece-se um movimento com resistência. Essa proposta se desenvolve até gerar o deslocamento no espaço e, por fim, a separação da dupla (mantida a qualidade de densidade no movimento). A mesma instrução em trio é mais exigente, pois ao receber dois estímulos simultâneos a pessoa tem de empurrar para todos os lados, ampliando a percepção do volume corporal.

Os objetos facilitadores, como bolas médias e grandes, também podem ser usados, pressionando-os contra a parede com o mesmo intuito de viabilizar a resistência mediante o contato prévio com uma superfície. O convexo da bola também estimula a percepção da flexibilidade da coluna vertebral, que costuma, em várias alunas, permanecer esquecida e fixada em sustentação verticalizada durante as improvisações. Nas aulas do tópico resistência ocorre, como consequência das propostas, o fortalecimento muscular.

Oposição

A investigação das oposições é algo importante na TKV, pois com base nos direcionamentos ósseos opostos são trabalhados os espaços articulares e a tridimensão do corpo em relação ao espaço. O tópico oposição já é despertado no trabalho de resistência, que acorda o tônus e o volume corporal, para que agora se tenha o foco na expansão e projeção do movimento e no alinhamento postural que surge do equilíbrio de várias forças opostas. Da mesma maneira, o tópico oposições é também um provocador para o processo dos vetores.

As oposições acontecem entre os ossos e acionam, consequentemente, diversas cadeias musculares, desde as mais pro-

fundas. Foco em três maneiras diferentes de trabalhar a oposição: entre duas regiões do corpo, entre duas pessoas e em relação ao espaço. São estimuladas a finalização e a projeção do movimento – pois há uma tendência ao encurtamento da movimentação –, de forma que as alunas possam alcançar longe, alongando o braço, os dedos das mãos e até o olhar. Proporciona--se, assim, uma projeção do movimento no espaço.

Nesse tópico, o trabalho com alongamento é frutífero, pois as oposições ósseas o intensificam. Alongar – que muitas vezes é o momento menos esperado pelas alunas – se torna uma possibilidade de investigação e de contentamento ao perceber que pequenas direções de oposição mudam por completo a sensação, desenvolvendo, com isso, a persistência necessária. Dilui-se a ideia de uma posição correta, abrindo espaço para a consciência das oposições constantes, tanto no movimento quanto na pausa. Jussara Miller coloca em aula: "Não importa a posição, mas sim a oposição que a provoca".

As improvisações com base no tópico oposição remetem ao trabalho de expansão e recolhimento que costumo propor inicialmente no tópico presença. As alunas reconhecem essa semelhança, suscitando conexões entre as aulas e compreendendo na experiência a inter-relação dos tópicos corporais da TKV.

As sequências de movimentos são realizadas em dupla em relações claras com os desenhos espaciais. Propostas em dupla propiciam que as alunas projetem o movimento uma para a outra, criando linhas de conexão e oposição. Em um segundo momento, amplia-se essa investigação para o grupo todo. Objetos facilitadores também são bem-vindos, em especial o elástico, que pode ser trabalhado tanto individual quanto coletivamente, tornando visíveis as linhas de oposição e os desenhos no espaço.

Eixo global

Esse tópico é consequência e conquista do trabalho de todos os anteriores. Para aguçar a sensação do eixo global, trabalho as relações das três esferas do corpo (crânio, caixa torácica e pelve) e as possibilidades de flexibilidade e de sustentação da coluna vertebral. Explora-se o movimento partindo de cada uma dessas três esferas e das suas relações de aproximação, distanciamento e torção. Esse trabalho provoca novas possibilidades de dança, pois há uma tendência geral de os movimentos surgirem dos membros para depois chegarem ao tronco. Diante disso, propõe-se o caminho inverso.

A flexibilidade da coluna lombar e da articulação coxofemoral é requisitada a partir do movimento iniciado pela pelve – embora pouco explorado, por ser comum as alunas se inibirem inicialmente, quando isso deixa de acontecer, surgem caminhos novos.

O movimento pela caixa torácica pode ser desafiador, uma vez que é uma região difícil de mobilizar, sendo necessária a atenção para a flexibilidade dos espaços intercostais. Embora a região cervical seja mais flexível, várias alunas têm receio dessa movimentação gerada pela entrega do peso do crânio, bloqueando, assim, o movimento. O olhar direcionado ao espaço por diversos ângulos ajuda na soltura cervical e na percepção de um eixo flexível e disponível para várias possibilidades de movimento em relação à gravidade.

Além de todo esse trabalho de flexibilidade da coluna vertebral, dou enfoque ao eixo da coluna em sustentação, com indicações posturais pessoais para cada praticante, ampliando a atenção para as assimetrias de cada pessoa, pois "ao considerar nosso desequilíbrio postural não é possível reconhecer um procedimento que se aplique a todos indiscriminadamente" (Vianna, 2008, p. 129). Na TKV, a observação – dos padrões, tendências, dificuldades, facilidades e transformações – é estimulada desde o primeiro encontro e isso já causa transformações, como apresenta Klauss Vianna (2008, p. 119):

> Mas o simples ato da observação já interfere na minha maneira de andar, pois tudo aquilo que é observado – o contato dos pés com o chão, a posição dos joelhos e quadris, a colocação do tronco em relação às pernas, a posição da cabeça em relação ao tronco – acaba sofrendo uma interferência. Movimentos que há muito tempo estão incorporados à nossa dinâmica são, a partir de então, evidenciados e tornam-se perceptíveis.

As percepções do corpo vão ficando cada vez mais sensíveis a cada tópico estudado, e aqui no tópico eixo global todas essas informações podem emergir para a organização do eixo em relação à gravidade.

‖ PROCESSO DOS VETORES ‖

Eleve-se alto ao céu, com seus pés no chão.
GILBERTO GIL

O processo dos vetores consiste no estudo e na investigação de direções ósseas organizadas em oito vetores de força distribuídos pelo corpo, cujo direcionamento ativa reações no eixo corporal. "Cada direção óssea aciona musculaturas específicas, funcionando como alavancas ósseas numa ação organizada que dirige e determina o movimento" (Miller, 2007, p. 76). Começando pelos pés e finalizando no crânio, os vetores auxiliam tanto para o alinhamento postural quanto para provocar novos caminhos de movimento e criação em dança.

Trabalhar o processo dos vetores com adolescentes foi algo que somente abordei no meu quinto ano de trabalho como professora, uma vez que, para isso, são necessários um prévio e aprofundado conhecimento anatômico e uma prática de observação de cada aluno, para identificar seus padrões e tendências de movimento, escutar suas dificuldades e saber orientá-lo. Tudo isso se adquire na prática didática em sala de aula. Além disso, temia que fosse um trabalho excessivamente minucioso, que poderia ser monótono para adolescentes.

Entretanto, como a adolescência é um momento em que, frequentemente, aparecem alguns desvios posturais, trabalhar o processo dos vetores se mostrou uma necessidade. Alguns dos desvios posturais mais comuns são joelhos hiperestendidos, lordoses e escolioses acentuadas e o desvio do crânio à frente – que acontecem por diversos motivos, como padrões familiares, hábitos cotidianos, necessidade crescente de ficar horas sentado, além de consistir em uma fase de crescimento e diversas transformações corporais num curto espaço de tempo. Com o trabalho dos vetores, é possível engajar musculaturas específicas de sustentação da coluna vertebral e construção do eixo corporal, impedindo que músculos e articulações sejam sobrecarregados, dividindo o esforço de vencer a gravidade de maneira equilibrada.

Os adolescentes recebem diversas advertências dos pais e professores da escola ou de outras práticas corporais acerca da "postura correta". O trabalho com os vetores, portanto, requer uma disponibilidade da pessoa em relação à mudança de hábitos posturais já determinados, assim como da maneira de lidar com eles. Diante disso, as transformações decorrentes das novas informações posturais – que começam a acontecer durante o processo lúdico e se tornam mais evidentes no processo dos vetores – entram em negociação com as tantas referências já presentes. Como explicam Greiner e Katz (2005, p. 131), "o corpo não é um meio por onde a informação simplesmente passa, pois toda informação que chega entra em negociação com as que já estão. O corpo é o resultado desses cruzamentos, e não um lugar onde as informações são abrigadas".

Na TKV, a postura é trabalhada no sentido de aumentar os espaços articulares e minimizar tensões, a fim de poder realizar as atividades que desejamos com o esforço necessário, tanto na dança quanto no cotidiano. Entretanto, no senso comum, é tida como rígida, tensa e com função corretiva. Essa equivocada concepção do alinhamento postural afirma a dicotomia certo-errado. Percebo nas alunas uma curiosidade constante do porquê. Uma pergunta que se repete em sala de aula é "mas por que é assim, por que não pode ser de outro jeito?", como é possível observar no seguinte depoimento de aluna em entrevista realizada no Salão do Movimento em 2015:

Eu acho muito legal que você explica por que a gente faz as coisas e fica em tal posição. Eu lembro quando eu era mais novinha e fazia balé, sempre falavam que eu tinha de melhorar o arco do pé, o metatarso. Só que eu não entendia o porquê, eu não entendia o que eu estava fazendo de errado, e por que eu tinha de mudar, por que não podia fazer daquela maneira. Também tinha isso do jeito de falar, tipo o que você falou uma vez para não pensar em encolher a barriga e "colocar o umbigo nas costas", eu ouvia isso e não fazia sentido nenhum. Depois, aqui, fui entendendo. Eu estou sempre tentando lembrar da direção do púbis para cima, porque eu tenho um pouco de lordose e meus joelhos caem para dentro, então tenho sempre de parar para lembrar dos pés e aí eu consigo acionar.

Diante disso, atento-me em acolher e responder esses porquês, dando explicações claras e precisas. No entanto, as perguntas fazem parte do trabalho e são respondidas, também, durante a experiência.

Em pouco tempo todos descobrem que o professor não é o dono da verdade, não sabe tudo, existem coisas que eu não sei responder. É aí que a relação começa a surgir, é a partir daí que descobrem que sou um ser humano como qualquer outro e então sentem condições de abrirem-se e falar um pouco deles mesmos. (Vianna, 2008, p. 134)

Além desse olhar à saúde dos adolescentes a partir do reconhecimento postural, o trabalho com os vetores tem a potência de tornar o movimento mais direcionado e organizado; "podemos dizer que a beleza de um movimento é a clareza, a objetividade" (Vianna, 2008, p. 113). Essa "beleza" não é uma perseguição de formas belas e a clareza não é o "passo limpo", mas sim a consciência em movimento, do dançar enquanto se dança. "E a técnica eficaz talvez seja aquela que torna possível extrapolar todos os falsos e repetitivos conceitos de beleza, que permite criar ou revelar a identidade entre a dança e o dançarino, entre quem dança e o que está sendo dançado" (idem).

Nas aulas, são contempladas as várias esferas de investigação dos vetores: a sensibilização da ossatura; os estudos do vetor no eixo global; as oportunidades do uso dos vetores no cotidiano; a possibilidade de direcioná-los para intensificação do alongamento; os desdobramentos de movimento e a dança a partir dos vetores.

Reconhecer os próprios ossos pode causar estranheza de início, pois é algo raramente experimentado pelas adolescentes. Olhar e tocar o esqueleto representativo ajuda na procura do toque no próprio corpo, pois se tem o reconhecimento do que será encontrado. O toque revela o corpo real, as proporções reais. Elas ficam admiradas com a diferença da escápula de cada uma, dos metatarsos etc. A gradação do direcionamento ósseo para a construção do eixo é particular, dependendo dos padrões individuais. Portanto, ao trabalhar o processo dos vetores aprofunda-se na consciência corporal e na compreensão da singularidade de cada pessoa.

É importante notar que, assim como os tópicos do processo lúdico, os oito vetores também trabalham em sinergia. As instruções, portanto, vão se somando, até o momento em que se estabelece o reconhecimento da nomenclatura específica da TKV. Essa apropriação dinamiza a aula, pois as instruções, agora corporificadas, são reconhecidas rapidamente no movimento durante a investigação.

Recebo retornos das alunas descobrindo seus pontos de tensão, com frases como "nossa, eu tinha algumas dores nos ombros, mas só agora que percebi que eles estão muito tensos", e também alegando diminuição de dores que sentiam eventualmente: "Várias vezes sentia minha lombar doendo quando ficava muito tempo em pé, mas agora está melhorando". O que me faz concordar com a afirmação de Klauss Vianna (2008, p. 97): "Aprender a questionar objetivamente e a observar a si mesmo são as melhores formas de aprendizado".

A seguir, abordarei cada vetor e as suas características específicas nas aulas de TKV para adolescentes.

Primeiro vetor: metatarso

> Para mim, o ponto mais importante do corpo são os pés. Por isso, proponho que comecem o trabalho com uma massagem, para sentir os pés, a forma, a sensação tátil, as diferentes possibilidades de movimentação dos pés, como transformá-los em algo expressivo, vivo, sensual. (Vianna, 2008, p. 136)

A direção do primeiro vetor é dos metatarsos para baixo, pressionando o chão quando na postura em pé. Com isso, gera-se uma força de reação em sentido oposto que ajuda na sustentação dos arcos dos pés e no alinhamento dos joelhos. É importante ressaltar que, ao estudarmos os vetores, o direcionamento se dá em relação ao próprio corpo em posição anatômica[11]. Assim sendo, usamos a direção para baixo mesmo em

---

11. Termo cunhado pelos anatomistas para designar uma posição padronizada para se referir ao corpo no espaço. Isso evita o uso de termos diferentes nas descrições anatômicas, uma vez que a posição pode ser variável. A posição anatômica é: o indivíduo em posição ereta, com a face voltada para a frente, o olhar dirigido para o horizonte, membros superiores estendidos, próximos ao corpo, e com as palmas das mãos voltadas para a frente. Pontas dos pés dirigidas para frente (Dângelo e Fattini, 2006, p. 5). Não importa, portanto, a posição da pessoa no espaço (deitada, sentada, em fluxo), os vetores direcionam em relação à posição anatômica.

situações em que não temos o contato com o chão. Nesses casos, os pés direcionam o movimento das pernas, projetando-as e ganhando espaços articulares.

Ao trabalhar o primeiro vetor, apresentam-se os ossos sesamoides do hálux – localizados abaixo do primeiro metatarso, um medial e outro lateralmente – e, ao direcioná-lo, a alavanca para o movimento é ainda mais eficaz. Além disso, a consciência dos sesamoides ajuda na projeção dos pés no espaço, evitando a retração dessa região do primeiro metatarso, tendência comum em várias pessoas.

A roda inicial de sensibilização dos pés é um momento fundamental nas aulas do primeiro vetor para o reconhecimento da ossatura dos pés e dos espaços presentes entre os ossos metatársicos que articulam com os dedos. Apresentar o esqueleto representativo auxilia nessa investigação, uma vez que se reconhece com clareza a ossatura, facilitando a busca no próprio corpo. O estudo do caminhar é estimulado – tanto durante a aula quanto no cotidiano – para que percebam os padrões e as tendências da marcha. O direcionamento do primeiro vetor contribui para a melhor distribuição do peso do corpo sobre os pés e propulsão a cada passada.

Nas improvisações e sequências de movimento, trabalha-se, a partir do direcionamento do primeiro vetor, a propulsão no deslocamento e nos saltos e a precisão no equilíbrio, nas mudanças de direção e de nível espacial.

Segundo vetor: calcâneo

O segundo vetor é a direção do calcanhar para baixo, medialmente (para dentro) ou lateralmente (para fora). Essa variação – que o caracteriza como um vetor móvel – depende da tendência postural da pessoa e do movimento desejado no espaço.

O segundo vetor, quando direcionado para dentro, reverbera em uma discreta rotação do fêmur para fora, acionando os rotadores, refletindo na estabilidade da articulação coxofemoral. Essa discreta rotação garante que os joelhos se alinhem com o segundo dedo do pé e mantenham seu espaço articular, possibilitando a conexão entre pés e quadril. Várias alunas têm dificuldade de direcioná-lo prolongadamente por conta de uma fraqueza muscular, oriunda do longo período de passividade dessa região no cotidiano. Por isso, insisto em trabalhá-lo até mesmo nas aulas dos outros vetores, porque só é possível acionar um deles se os anteriores estiverem também direcionados.

O acionamento do segundo vetor auxilia no alongamento das cadeias musculares das pernas, uma vez que propicia a oposição entre calcâneos e ísquios. Quando o foco é o alongamento da musculatura posterior e a flexibilidade da articulação coxofemoral, o segundo vetor é direcionado lateralmente.

Enquanto o primeiro vetor gera impulsos e alavancas para o deslocamento, o segundo ancora, propiciando estabilidade ao movimento. O trabalho simultâneo dos dois primeiros vetores, portanto, auxilia na segurança e no fluxo do movimento das pernas.

Terceiro vetor: púbis

O púbis é o encontro frontal dos ossos ilíacos; sendo assim, o terceiro vetor consiste em direcioná-lo para cima. Essa direção ativa a musculatura abdominal e amplia a musculatura da colu-

na lombar, em especial para quem tem tendência à lordose acentuada. O terceiro vetor também é móvel, visto que em determinadas situações pode ser direcionado para baixo. A direção descendente do púbis é empregada em situações de alongamento da musculatura posterior das pernas, gerando maior liberdade da articulação coxofemoral.

No estudo desse vetor, fica clara a variação da gradação do vetor para cada pessoa. Essa percepção conta com o auxílio da professora, para lhes dizer se o estão acionando exageradamente. O diálogo entre professora e alunas facilita a desenvoltura para expor percepções – muitas vezes tímidas em grupos de adolescentes –, estabelecendo a cumplicidade e a pesquisa necessárias para a autonomia do trabalho investigativo.

A compreensão do encaixe da pelve, da força do centro de gravidade e da consequente sustentação da musculatura do abdômen possibilita que as alunas assimilem com mais facilidade o tópico eixo global, assim como os demais tópicos do processo lúdico, uma vez que:

> Chamo a atenção dos alunos também para o ponto que fica quatro dedos abaixo do umbigo, que corresponde a nosso centro físico e emocional. Popularmente dizemos que sentimos "um frio na barriga" porque a emoção está ali, tudo vem dali, o *port-de-bras* do balé, a postura inicial do ioga, todos nascemos dali. (Vianna, 2008, p. 144)

Quarto vetor: sacro

O quarto vetor é a direção do sacro para baixo. Como ele está na parte posterior do quadril, está diretamente ligado ao terceiro vetor, de modo que a ação de um reverbera na dire-

ção oposta do outro. Quando estamos trabalhando o eixo global e a sustentação da pelve, direciona-se púbis para cima e o sacro para baixo, sendo que o vetor do púbis aciona a musculatura abdominal, criando a conexão entre a cintura pélvica com a caixa torácica, enquanto o vetor do sacro abre espaço nas vértebras lombares, acionando a musculatura posterior de sustentação.

As alunas, no início, ficam intrigadas com esses dois vetores, questionando-me: "Se é a mesma consequência, do encaixe e da mobilidade da pelve, por que existem os dois?" Diante dessa indagação, trago propostas que revelem momentos em que a direção do púbis ou do sacro se torna mais evidente e necessária.

Um momento particularmente propício para essa observação é durante a marcha. São estudadas diferentes maneiras de usar os vetores durante a caminhada – ao andar para a frente, acionar o terceiro vetor e, ao caminhar para trás, acionar o quarto vetor. Num segundo momento, invertem-se os vetores acionados em cada direção do caminhar. Por fim, estudamos o andar para as laterais, cruzando a passada na frente e atrás, pesquisando, nessa situação, qual dos dois vetores da pelve é mais eficiente. Em todos esses momentos, as alunas são estimuladas a observar como os vetores reverberam na marcha, nos apoios dos pés e no eixo global.

As alunas relatam que a direção do púbis para cima auxilia na caminhada para a frente e a do sacro para baixo, no caminhar para trás; várias estranham a inversão, sentindo que atrapalha no eixo global. Quanto à caminhada para as laterais, as respostas são variadas. Isso evita o entendimento do processo dos vetores como "receitas corretas" que devem ser seguidas.

Uma estratégia que evidencia a consciência do encaixe da pelve também para a conexão entre duas ou mais pessoas é: em duplas, com uma das pessoas apoiando a mão no sacro da outra. A que recebe o toque caminha para todas as direções, enquanto sua dupla a segue mantendo o contato da mão no sacro. Após um tempo de experimentação, retira-se o contato, mantendo a conexão com a dupla pelo espaço. Essa proposta pode se estender para todo o grupo, criando um bando/cardume cuja conexão se dá pela percepção da pelve.

Quinto vetor: escápulas

"Com o quinto vetor, direcionamos as escápulas para baixo e para os lados, opondo os acrômios e conquistando, dessa forma, a lateralidade dos ombros e a ampliação da cintura escapular" (Miller, 2007, p. 83). No cotidiano, os ombros podem ter pontos de acúmulo de tensão recorrentes, o que faz que as escápulas se elevem, encurtando o pescoço. É comum que as alunas relatem dores nessa região, em especial após a semana de provas na escola.

Para que sintam as escápulas e seus movimentos, inicia-se o trabalho movimentando os ombros deitadas de costas para o chão, de tal modo que o contato com o solo permita a percepção da ossatura. Outra possibilidade é o mapeamento da escápula em dupla, no qual uma pessoa toca toda a extensão desse osso da colega. As alunas ficam surpresas com as diferenças dos ossos de cada uma, e, principalmente, com a constatação das diferenças dos espaços articulares após a proposta – pois os ombros descem consideravelmente, distanciando-se das orelhas. Também mapeamos as clavículas, percebendo seu encontro com as escápulas e o acrômio, e como o direcionamento do quinto vetor proporciona uma amplitude e um posicionamento mais horizontal das clavículas. É o "sorriso das clavículas", como dizia Klauss Vianna em sala de aula (Miller, 2007, p. 84).

No decorrer das aulas do quinto vetor, sua exploração ocorre de duas maneiras: a partir da sustentação, em que apenas o braço se movimenta por meio da articulação escapuloumeral, permanecendo a escápula estável; e a partir da soltura, momento em que se inclui a mobilidade das escápulas no movimento. Com isso, as alunas ganham espaços na articulação escapuloumeral e flexibilidade na musculatura peitoral e dos braços.

Sexto vetor: cotovelos

O sexto vetor consiste na direção lateral dos cotovelos, o que gera uma discreta rotação interna do úmero. Esse vetor é importante para trabalhar a projeção dos braços, pois amplia o espaço da articulação escapuloumeral, complementando a direção lateral do quinto vetor. Quando as mãos estão apoiadas no chão ou em outra superfície, é importante que esse vetor também seja acionado, impedindo assim a hiperextensão dos cotovelos (que causaria uma sobrecarga nessa articulação).

Ao explorar o sexto vetor no fluxo do movimento, ganha--se maior fluência e expressividade dos braços, região comumente guiada apenas pela extremidade, as mãos. Ao dirigir a atenção para o direcionamento dos cotovelos, surgem outros caminhos de movimento, expandindo as possibilidades dos desenhos dos braços no espaço.

As sequências criadas nesse momento seguem esse objetivo, trabalhando a articulação dos cotovelos como protagonista e impulsionadora do movimento, permitindo trajetos pouco explorados pelas alunas.

Sétimo vetor: metacarpo

Para o direcionamento do sétimo vetor, o metacarpo deve ser girado para fora, completando a espiral e projeção dos braços. Ele "dá função às mãos e estabelece a unidade entre escápulas, braços, antebraços e mãos" (Miller, 2007, p. 86). Esse vetor propicia a exploração das espirais/rotações dos braços, engendrando novas investigações de movimento. Acarreta o uso das pequenas articulações das mãos, do metacarpo e dos dedos. Consequentemente, o movimento ganha maior fluência e precisão ao desenhar o espaço.

Como o emprego das mãos no cotidiano é muito usual, busco estimular outras maneiras de movimentar essa região. Uma das alunas deu o seguinte depoimento no processo dos vetores: "Eu achei que, além de conhecer mais o meu corpo, aprendi os nomes e também o que eu posso fazer com cada parte dele. Mesmo nos dedos da mão, que a gente usa diariamente, deu para ver outras possibilidades de movimento".

Com o estudo da relação do quinto, do sexto e do sétimo vetores, percebo, nas alunas, uma maior facilidade de movimentar a cintura escapular, o centro de leveza do movimento. Às vezes, elas perdem a base de sustentação e o encaixe da pelve. Por isso, lembro-as com frequência dos quatro primeiros vetores de base, para que elas ganhem, como consequência, projeção e fluência nos três vetores de cima.

> Desse equilíbrio de forças opostas e complementares nasce minha dança. Mas se busco demais o chão, acentuo meu peso em relação à gravidade, o solo me puxa para baixo. Do mesmo modo, se ultrapasso meu ponto de elevação, perco o equilíbrio e minha base de sustentação. Parafraseando o ditado, nem tanto ao céu, nem tanto à terra. (Vianna, 2008, p. 130)

Oitavo vetor: sétima vértebra cervical

Este vetor, que finaliza o processo dos vetores, proporciona um eixo organizado e equilibrado até o crânio. Ele consiste em direcionar anteriormente (para a frente) a sétima vértebra cervical. Como consequência desse direcionamento, ocorre o alinhamento da região occipital do crânio com a sétima cervical, equilibrando, assim, seu peso sobre a coluna vertebral. O quinto vetor – as escápulas para baixo – auxilia no direcionamento do oitavo, pois alonga a cervical, ampliando a distância entre o crânio e o acrômio.

Além do uso do vetor para o alinhamento, é possível acioná-lo para flexibilização da cervical a partir da soltura do crânio. Nesse caso, o oitavo vetor é fundamental para a manutenção dos espaços articulares e para o impedimento de lesões e incômodos musculares decorrentes do pressionamento das vértebras cervicais, em especial em situações de extensão.

O alinhamento do crânio a partir do direcionamento da sétima cervical é auxiliado pelo apoio do olhar à frente, ação contrária à tendência das alunas de direcionar o foco da visão para baixo. Objetivando a oposição a esse padrão, proponho outros modos de olhar, despertando a visão periférica, o movimento do globo ocular e também a movimentação com os olhos fechados, que visa, a partir da ausência do apoio do olhar, direcionar a atenção quanto à sua importância.

3 ‖ Adolescendo em investigação

Trabalhar com adolescentes em um processo criativo em dança com base nos princípios da TKV é um convite ao adolescer em investigação com autonomia, empoderamento e reflexão. É, também, um convite à socialização, à escuta, ao diálogo, à troca e à parceria. Uma provocação da dança singular de cada um em relação com o entorno.

> Mas, se a dança é um modo de existir, cada um de nós possui a sua dança e o seu movimento, original, singular e diferenciado, e é a partir daí que essa dança e esse movimento evoluem para uma forma de expressão em que a busca da individualidade possa ser entendida pela coletividade humana. (Vianna, 2008, p. 105)

A aula para adolescentes possui uma significativa diferença em relação às aulas para adultos, em que os alunos buscam por algum objetivo pessoal (artístico, saúde etc.), ou às aulas infantis, as quais os pais buscam por acreditar na potência pedagógica desse trabalho para os filhos. Na adolescência, a procura pelo curso "Dança para adolescentes" é uma mistura do desejo das alunas com a vontade dos pais. É raro os alunos possuírem desde o início um objetivo claro (algumas exceções ocorrem, caso de adolescentes que desejavam prestar o vestibular de Dança na Unicamp ou que ingressam por orientação médica). Trata-se, em geral, de uma busca por experiências inovadoras, não habitualmente presentes em seu cotidiano escolar (cursos, tarefas, esportes etc.).

O curso, no entanto, tem uma didática precisa. A abordagem da TKV tem por princípio a não separação entre dança e vida, pois "o corpo que dança é o corpo que vive" (Neves, 2010, p. 34). Aprende-se, por exemplo, a organizar e mobilizar o eixo corporal para o movimento e para a pausa – este mesmo eixo que depois ficará horas sentado na escola, na frente do computador, andando de bicicleta, conversando com os amigos, brincando com os irmãos, passeando no shopping etc. Desse modo, compreende-se que o caminhar da sala de aula – apoiando atenciosamente calcâneos, metatarso e dedos – está íntima e profundamente relacionado com os passos do dia a dia. Não há, portanto, um pisar da dança e um pisar da vida, mas sim uma passada articulada. Trata-se de uma aula em que se pergunta sobre as sensações observadas, uma aula em que não há uma exigência de dançar igual à professora, mas sim de investigar seu próprio movimento. Há algo de fascínio e de espanto nessas descobertas de sala de aula.

> Em geral, mantemos o corpo adormecido. Somos criados dentro de certos padrões e ficamos acomodados naquilo. Por isso digo que é necessário desestruturar o corpo; sem essa desestru-

turação não surge nada de novo. Desestruturar significa, por exemplo, pegar um executivo ou uma grã-fina, desses que buscam as academias de dança, e, colocando-os descalços na sala de aula, fazer que deem cambalhotas. (Vianna, 2008, p. 77)

Essa citação de Klauss Vianna exprime com precisão a coragem e o senso de humor necessários a essas proposições que desestabilizam aquilo que é usualmente esperado em uma aula de dança. Proposições que, como diz Agamben, profanam o dispositivo de controle "aula de dança". É possível argumentar que a vivência dessa desestruturação na adolescência conduza na vida adulta a uma constante profanação dos dispositivos de controle, que tendem a criar sujeitos sociais de respostas uniformes a toda série de eventos, sejam da esfera doméstica ou política. Desse modo, pode-se inferir que o estado de atenção trabalhado nas aulas de TKV – em especial neste período de formação da adolescência – orienta a percepção geral dos indivíduos à tendência à "ruptura de hábitos". Nesse sentido, compreendendo que o sistema socioeconômico vigente na contemporaneidade não prescinde da normatização de certas práticas e da alienação dos indivíduos sociais. Pode-se sugerir que a ação pedagógica da TKV ultrapassa a esfera estética e incide na postura, nos costumes e na moral. Desse modo, comenta Agamben (2009, p. 42):

> Não seria provavelmente errado definir a fase extrema do desenvolvimento capitalista que estamos vivendo como uma gigantesca acumulação e proliferação de dispositivos. Certamente, desde que apareceu o *Homo sapiens* havia dispositivos, mas dir-se-ia que hoje não haveria um só instante na vida dos indivíduos que não seja modelado, contaminado ou controlado por

algum dispositivo. De que modo, então, podemos fazer frente a esta situação, qual a estratégia que devemos seguir no nosso cotidiano corpo a corpo com os dispositivos? Não se trata simplesmente de destruí-los, nem, como sugerem alguns ingênuos, de usá-los de modo correto.

No mesmo texto, o autor responde à sua própria pergunta com a palavra "profanação", conceituando-a: "A profanação é o contradispositivo que restitui ao uso comum aquilo que o sacrifício tinha separado e dividido" (*ibidem*, p. 14). Profanação é o contrário de consagração, que seria, por meio do dispositivo do sacrifício, a saída das coisas do círculo do direito humano para se tornar coisa divina, sacralizada. Profanar, portanto, significa retornar as coisas ao livre uso da humanidade.

Na TKV, um dos principais objetivos é o reconhecimento de cada um na condição de indivíduo singular, agente de uma dança pessoal. Restituir a dança a qualquer indivíduo, ao livre uso da pessoa que dança, é uma maneira de profanar seu dispositivo. Essa deixa de pertencer apenas àqueles corpos ditos propícios e corretos, cujos movimentos, idades, formas e valores estariam previamente estabelecidos. Caminhar no chão descalço e dar cambalhotas, como provocou Klauss Vianna, é dançar.

O processo criativo compartilhado entre alunas e professora é uma estratégia didática que potencializa essa profanação. A autonomia do movimento dançado não se restringe ao espaço da sala de aula, mas se expande à criação e concepção de um material cênico a ser compartilhado com uma plateia. Este, ademais, não é imposto por uma figura de autoridade, mas sim uma resultante de um processo horizontal entre todos os indivíduos participantes.

Além disso, uma característica fundamental da TKV é a indissociabilidade entre técnica e criação, que são trabalhadas intrinsecamente no processo de cada professor, bailarino, aluno, de cada praticante da TKV. A pesquisa do movimento emerge dos tópicos corporais estudados e segue seu fluxo na singularidade de cada praticante, de tal modo que a criação é inerente e necessária ao entendimento e à vivência da TKV.

> É importante ainda ressaltar que na Técnica Klauss Vianna de dança e educação somática a não separação entre trabalho técnico e criação tem um caráter fundamental, pois foi a partir de necessidades do fazer artístico e do ensino da dança que se construiu toda a pesquisa de educação somática e não o contrário. Não é uma ponte a ser construída por cada profissional; ela tem existência na Técnica. (Neves, 2010, p. 56)

Quando entramos no processo criativo existe uma primeira conversa com o grupo, anunciando aquele momento como o início de um processo coletivo e fruto do trabalho realizado até então com os tópicos corporais da TKV. Conversamos para verificar o que elas lembram do trabalho vivenciado no primeiro semestre, daquilo que mais gostaram e do que desejariam aprofundar. Essa troca de ideias e percepções no início do processo é um momento fundamental para o reconhecimento das propostas trabalhadas anteriormente e seus possíveis desdobramentos cênicos. Essa conversa deve afirmar claramente a criação como uma atividade compartilhada, alheia à divisão de funções hierárquicas, mas fundada no diálogo horizontal.

É importante, no processo criativo, que os alunos experienciem a escuta do corpo, que permeia toda a TKV.

> Na Técnica Klauss Vianna não existe modelo, não existe a rela-
> ção binária e dicotômica de certo/errado, feio/bonito ou bom/
> ruim. Buscamos ampliar a disponibilidade do corpo em diver-
> sas realidades, ou melhor, na sua realidade hoje, flexibilizando-o
> e não o enrijecendo no que supostamente possa ser considera-
> do o "melhor". Escutar o corpo... Isso já causa um movimento
> e uma alteração no corpo. O corpo presente. Aqui e agora.
> (Miller, 2007, p. 102)

Em seguida, serão expostos alguns aspectos da TKV com os quais entrei em contato ao estudar e trabalhar o processo criativo da maneira abordada por Jussara Miller. Reservo, a esses, especial atenção à minha atividade como professora da TKV para adolescentes.

A IMPORTÂNCIA DAS ESCOLHAS EM UM PROCESSO CRIATIVO

No caso da Técnica Klauss Vianna, o material de trabalho não é constituído de movimentos preexistentes, codificados, mas de instruções destinadas à geração de movimento. Não temos propostas prontas em forma de movimento, mas movimentos construídos ao longo da experimentação, no tempo-espaço, por processos de escolha conscientes e inconscientes. (Neves, 2008, p. 66)

A criação requer escolhas. Estas traçam o caminho, conferindo liberdade ao artista. Ao contrário do que se pode imaginar, ao restringirmos e esclarecermos nossas escolhas, o campo de possibilidades individuais expande, inovando o que já foi vivido até então. Inovação não no sentido de criar algo novo, mas de descobrir em si outro caminho. Cecília Salles (2009, p. 93) aborda a criação artística a partir da ação transformadora do artista sobre o mundo: "A originalidade da construção encontra-se na unicidade da transformação: as combinações são singulares. Os elementos selecionados já existiam, a inovação está no modo como são colocados juntos". No caso do processo criativo da TKV, esses elementos são os tópicos corporais do processo lúdico e do processo dos vetores, e a originalidade é inerente à sua investigação em sala ou em cena.

A clareza do tópico trabalhado e da proposta de investigação em aula é necessária para gerar tanto o estado de presença quanto para sua manutenção durante a pesquisa. Mesmo assim, são necessárias escolhas e atualizações a todo momento, não somente por meio de palavras das instruções, mas também do diálogo-dança da improvisação em grupo. "É fundamental pensar a criação como um processo de escolhas, no sentido de seleção e digestão de tudo que foi e é experienciado. Tudo isso é importante no trabalho de improvisação em grupo" (Miller, 2012, p. 121).

Esse processo de escolhas está presente em todos os momentos: no planejamento da aula, na seleção do tópico e das estratégias a ser trabalhados naquele dia, na escolha da música para cada proposta etc. Essa escolha é compartilhada com as alunas na elaboração da apresentação: estudamos juntas as características da dança, dividindo interesses de criação e de composição. Como professora/provocadora, analiso seus desejos, às vezes aceitando as ideias como propostas, às vezes propondo alterações mais desafiadoras. As escolhas seguem um propósito pedagógico e cênico.

Permite-se agora uma breve digressão quanto a um possível perigo da criação de dança contemporânea, ao qual atento em evitar durante os processos de escolhas: o uso do termo "funcionar". Presenciei em contextos diversos, em que se discutia a criação de uma cena ou a exploração de uma proposta, a ocorrência de frases "isso não funciona", "foi bom, isso funciona, continue fazendo assim", "talvez, se mudar isso, pode funcionar melhor". A noção de Corpo App, tal qual formulada por Katz (2015), ajuda-nos a entender esse perigo. Trata-se, pois, do corpo convertido em aplicativo, que necessita de constantes atualizações e precisa estar sintonizado com as incessantes novidades para "funcionar" bem. Vivemos, atualmente, em uma lógica do *software* na maneira como lidamos com nós mesmos e com o que nos cerca. E o *software* existe apenas para executar uma função, e somente o buscamos quando precisamos daquilo para que ele foi criado.

> Mas lidamos tanto com eles que essa lógica que os estrutura termina por nos contaminar e virar um comportamento, mes-

mo quando não estamos diretamente envolvidos com softwa-
res. Aos poucos, vamos passando a nos relacionar com tudo e
todos também nesse eixo do "as coisas são para uma certa função". E, lentamente, o "as coisas" passa a ser também "as pessoas", "as atitudes", "as escolhas" etc. (Katz, 2015, p. 244)

É possível identificar esse uso constante do verbo "funcionar" em processos de criação e em aulas de dança como um
reflexo dessa lógica do *software*, e, no limite, da lógica da ope-
racionalidade. No entanto, a investigação e criação de dança
não partem desse lugar do "existir para", assim como o corpo
que dança não está lá como ferramenta dessa "funcionalidade".
Determinar o que funciona ou não em dado processo é uma
maneira de podar as demais variações. Se, por um lado, essa
"poda" é inerente à criação, é capaz, por outro, de reduzir consideravelmente a maneira de realizar o processo de escolhas,
uma vez que o movimento é antes compreendido como função (coreográfica, dramatúrgica, cênica, poética), em vez de
ação (coreográfica, dramatúrgica, cênica, poética).

Não se pode, contudo, recusar o fato de vivermos imersos
em uma cultura digital, da qual não há possibilidade de fuga,
uma vez que essa nos contaminou de maneira indelével. Assim, pode-se afirmar que "tudo que vamos vivendo nos modifica. E a força do espiralamento permanente entre corpo e
ambiente vai produzindo novas necessidades, que nos impul-
sionam a inventar o que é necessário para atendê-las" (Katz,
2015, p. 248). Compreende-se, portanto, que em um processo
criativo subsiste uma urgência perene de atenção a essas necessidades, cujo peso de realidade exige de nossa parte uma
resposta concreta.

┃OS TÓPICOS CORPORAIS DA TKV COMO TEMAS DE CRIAÇÃO┃

> A dinâmica própria da percepção e seu aspecto de adaptabilidade evidenciam o caráter dinâmico e relacional da criação de movimentos. Sendo assim, o novo não deve ser confundido com a novidade, mas uma nova organização num processo de contaminação com o ambiente. (Neves, 2015, p. 179)

Cada tópico do processo lúdico, assim como os oito vetores, geram diferentes maneiras de investigar o movimento. Por serem tópicos e não passos ou exercícios que devem ser repetidos, atuam como lugares de investigação que ancoram as propostas de cada profissional que se debruça na TKV.

No processo criativo na TKV, esses tópicos se tornam os temas de criação, operando como âncoras da pesquisa (Miller, 2012). Eles são a base para a construção da cena, pois norteiam a pesquisa de movimento e dos demais elementos cênicos, na medida em que geram questões como: Algum objeto cênico é necessário para esse tema? Qual música esse tema convida? Requer uma cena improvisada ou devemos coreografar os movimentos com base nas investigações?

No processo criativo com as adolescentes, trabalhar os tópicos corporais como temas de criação é também uma oportunidade de consolidação e aprofundamento da apreensão sobre eles. Ao longo dos anos de prática, torna-se evidente a infinitude do processo investigativo, pois cada apresentação é distinta, mesmo que partindo dos mesmos tópicos corporais.

Os vetores também podem se tornar temas de criação – refutando, assim, um possível equívoco de que servem somente para alcançar e manter uma postura organizada. As direções ósseas podem desestabilizar o movimento em busca de outros caminhos para dançar e se relacionar com o espaço, com o eixo e a força da gravidade. Miller (2007, p. 97) lembra que Rainer Vianna dizia em aula: "A direção óssea traz a força e a sustentação da musculatura e, consequentemente, a sensação e a expressão do movimento".

Os vetores são alavancas para o movimento, e o movimento, por sua vez, é um vetor de emoções (Miller, 2012). Tal consideração, quando posta em investigação, propicia a verve, isto é, o calor de imaginação que anima o artista. As emoções irrompem do movimento, surgem dos ossos, brotam junto com o suor.

"E como o fluxo não estanca, o corpo vive no estado do sempre-presente, o que impede a noção do corpo recipiente" (Greiner e Katz, 2005, p. 130). É, portanto, inviável considerar que o estudo dos tópicos corporais da TKV seja sempre igual, ou que siga um fluxo evolutivo linear de desenvolvimento da compreensão. Desse modo, ao trabalharmos com os tópicos como temas de criação, temos a chance de conhecer, inventar e descobrir mais, e de maneira sempre diferente, a TKV. Podemos, assim, observar com maior acuidade a singularidade da investigação de cada pessoa, visto que a transformação dos tópicos em tema de criação ocorre sempre de maneira particular, transformando o estudo do movimento em estado de dança.

‖ A IMPORTÂNCIA DO OLHAR PARA O ESTUDO DA PRESENÇA ‖

O estudo do olhar ocorre principalmente nos tópicos presença, apoio e oitavo vetor, no entanto cada um deles o aborda de maneira particular. No tópico apoio, o olhar auxilia no equilíbrio, no eixo global e na precisão dos movimentos. Já nos estudos do oitavo vetor, o olhar ajuda no alinhamento e equilíbrio adequado do crânio sobre a coluna cervical, ficando o globo ocular consequentemente centralizado na órbita. Tanto em um quanto no outro, atenta-se ao olhar receptor, entendendo que as imagens do mundo vêm até nós e que não é necessária a projeção do crânio à frente para capturá-las. Entretanto, é no tópico presença que o olhar é mais estudado, pois, ao dilatar a atenção, passamos a enxergar, sentir e ouvir tudo à nossa volta.

> Como um dos tópicos de trabalho da Técnica Klauss Vianna é o da presença, quando o trabalhamos em sala, uma das principais atenções é para o olhar no espaço, no outro e também em nosso próprio corpo. O olhar pode guiar a dança, de tal maneira que a movimentação ganha outra amplitude, inclusive de sentidos. Estabelece-se um olhar que vê e é afetado pelo que vê, criando um estado dilatado de atenção para que o estudo de movimento se torne estado de dança. (Laszlo e Miller, 2016, p. 165)

Algumas instruções do tópico presença ampliam a visão periférica, a percepção do apoio do olhar no espaço e, consequentemente, a própria atenção. Fazem parte da TKV perguntas após cada proposta, como: "Houve alguma alteração? Qual?", "Como vocês se sentem agora?". Com isso, a atenção – a si, ao outro e ao espaço – é continuamente estimulada. Portanto, ao observar as transformações no corpo – mediante a escuta do corpo antes, durante e depois da proposta –, o aluno reconhece que o olhar faz parte da dança e que seu estudo altera o estado do movimento. Essas instruções são especialmente importantes durante o processo de criação, pois deve-se não só alcançar o estado de presença, mas também adquirir as ferramentas para mantê-lo.

Além desses tópicos apresentados – presença, apoio e oitavo vetor –, o aguçamento da atenção ao olhar potencializa

todos os demais tópicos, pois é um forte meio de relação com o espaço, com o outro e com o próprio movimento. As relações se fecham quando ignoramos a potência presente atrás de nossas pálpebras, da mesma maneira que o entorno se transforma quando olhamos intencionalmente.

> É também através do olhar que mostro a necessidade da relação com o espaço. O espaço é limitante e é necessário conviver com ele, aprender a olhar os limites da sala e além da sala. Essas diferentes intenções geram diferentes reações musculares, e é isso que me interessa mostrar. (Vianna, 2008, p. 141)

O direcionamento do olhar pode determinar um percurso no espaço. Estabelece, além disso, uma possibilidade de contato quando direcionado para outra pessoa, de qualidade quase háptica. O olhar é toque, é luz e também está em movimento quando dançamos. Esse estudo presente diariamente em sala potencializa a cena. O público vê onde apoiamos o olhar, nossos feixes de luz no fluxo da dança. "No palco não tem imunidade. O olhar é palpação, o movimento, ação, o ser, relação. Ação ecoa, voz preenche; o corpo sempre interage com algo, mesmo que seja o vazio." (Fabião, 2010, p.322)

‖ MAPA COREOGRÁFICO E O ESTUDO DO ESPAÇO ‖

A relação com o espaço onde se dança é parte fundamental da TKV, pois sua influência afeta as escolhas do movimento. A atenção ao entorno é sempre parte do trabalho investigativo, uma vez que este estimula diversas maneiras de habitá-lo, em diálogo com suas potencialidades. Nos estudos cênicos, todavia, essa atenção se amplifica, pois, além de dançar no espaço, a relação entre essa dança e esse espaço é vista pelo espectador, que, por sua vez, também faz parte do entorno.

A atenção focada no espaço é equivalente à atenção ao nosso processo de constante coevolução com o ambiente, uma conscientização das interferências que sofremos a todo momento e que podemos abraçar na medida em que investigamos seus acontecimentos.

> O organismo e o ambiente não são realmente determinados de maneira separada. O ambiente não é uma estrutura imposta do exterior aos seres vivos, mas, de fato, uma criação coevolutiva com eles. [...] O ponto-chave é que os seres vivos e seus ambientes se situam em relação, uns com os outros, através de suas especificações mútuas ou de uma relação de codeterminação. [...] Assim, o organismo é, ao mesmo tempo, sujeito e objeto da evolução. (Greiner, 2005, p. 44)

Portanto, a escolha cênica de determinado espaço é a seleção de uma possibilidade de diálogo, pois ao afetar o ambiente a pessoa que dança é por ele afetada. A maioria das apresentações das alunas adolescentes do Salão do Movimento foi realizada no palco italiano. Neste, o público visualiza a cena apenas por uma face do espaço retangular com tamanho similar ao da sala em que trabalhamos diariamente. Isso é considerado ao criarmos a apresentação, pois então escolhemos o que aparece e o que se esconde. Essa consciência é estimulada já no processo criativo, mas não em subordinação frontal àquilo que é visto pelo outro, porém em jogo com essa visão.

No ano de 2013, a proposta foi outra, pois apresentamos em uma área externa vista pelo público por todos os lados (como em uma arena) e também ocupamos as janelas do Salão do Movimento, de modo que o público assistia do lado de fora, no jardim (uma proposta *site specific*). O estudo para a criação nesse ano foi diferente, pois as relações com o entorno eram outras.

É importante, portanto, o reconhecimento das características do espaço, suas dimensões, sua luminosidade, suas cores, os objetos presentes etc. Após esse estudo, o grupo é dividido, de modo que algumas alunas são observadoras do processo de ocupação do espaço pelas colegas. O diálogo é fundamental para o desenvolvimento dessa proposta; faço assim muitas perguntas: Qual é a diferença quando as pessoas estão todas num mesmo canto para quando estão organizadas em uma linha ao fundo? E quando estão todas na boca de cena? Qual a sensação em relação ao espaço quando estão todas deitadas no chão? E se uma pessoa levantar? E se apagar as luzes? E se colocar uma música? Jogamos, assim, com as infinitas possibilidades do "E se..." e amaciamos, aquecemos a percepção do espaço intencional no qual criaremos uma dança.

Durante a criação, aparecem mapas coreográficos de cada cena e um grande mapa do trabalho como um todo. "A ideia de um mapa flexível, no estado de dança, faz da ação cênica um acontecimento no qual está incorporada a mudança, o reversível. Afasta-se, pois, a noção de acertos e erros" (Miller, 2012, p. 123). A repetição de um caminho nunca será a mesma, e por mais que o mapa esboce o trajeto a ser percorrido, ele não determina todas as suas características. A coreografia, portanto, abre-se para ser dançada de maneira sempre diferente. Adentramos, assim, no conceito de "labilidade da coreografia" (Miller, 2012), como veremos um pouco mais adiante.

║QUATRO ESTADOS DE ATENÇÃO E O ESTADO DE DANÇA║

Os quatro estados de atenção são uma nomenclatura didática empregada por Jussara Miller para os estudos da presença em processos criativos da TKV. O tópico presença é o primeiro a ser trabalhado e permeia, de alguma maneira, todos os outros, pois é um pré-requisito para a experiência. Uma vez que a presença na TKV não é vista como um dom pertencente a alguns e escasso em outros, ela se torna fruto do estudo da atenção como um trabalho de desenvolvimento técnico e diário em sala e em cena. Além disso, é uma premissa para o aprendizado, pois "se o corpo não estiver acordado é impossível aprender seja o que for" (Vianna, 2008, p. 77).

O *estado um* de atenção é o de cuidado consigo mesmo, da escuta direcionada às sensações do próprio corpo. O *estado dois* trata da relação de si com o espaço, isto é, em relação tanto ao modo como se observa o ambiente (e nele são traçados os caminhos) quanto às trocas sensoriais que podem ser estabelecidas com a atmosfera, com a luminosidade e com as coisas vistas – o interno relacionado ao entorno. O *estado três* se refere à conexão com as outras pessoas que dançam, companheiras no ato do movimento e da criação. O *estado quatro* é mais específico para o estudo da cena, pois diz respeito à escuta e à relação estabelecidas entre o bailarino e o seu público, este observador daquele no momento da partilha-apresentação. A presença resulta do mergulho nesses quatro estados de atenção, assim criando um corpo poroso:

> O corpo próprio e em relação — ao grupo e ao espaço da cena — é fruto da escuta do corpo experienciado na vivência do momento presente. Trata-se de um olhar para dentro, para que o movimento se exteriorize com sua individualidade, traçando um caminho de dentro para fora, em sintonia com o de fora para dentro e com o de dentro para dentro, criando, assim, uma rede de percepções. (Miller, 2012, p. 135)

Essa trama de percepções evoca um estado de dança. O principal objetivo pedagógico das aulas para adolescentes, ao trabalhar o processo criativo, é que as alunas experienciem esse momento, que se dá pelo estudo dos quatro estados de atenção.

Uma vez que a investigação dos três primeiros estados de atenção já é trabalhada em todos os tópicos da TKV, é necessário discorrer um pouco mais sobre o quarto estado, trabalhado em algumas propostas em que parte das alunas observa as colegas. Essas promovem uma pesquisa para ambas as partes: quem assiste passa a reconhecer a proposta e a maneira singular como cada pessoa lida com aquela informação; percebe-se, ademais, os estados de atenção de quem dança, as composições no espaço, os afetos que permeiam essa relação em movimento.

Quem é observado, por sua vez, tem a oportunidade de estudar e dançar na presença de um olhar externo ao ato que, presente, permite a relação entre observador-público e observado--bailarino. É nesse espaço de encontro, nessa interação ambivalente entre o olhar e a dança, entre o estático e o extático, que emerge o quarto estado de atenção.

Podemos dizer, portanto, que ao trabalhar os quatro estados de atenção chegamos a um estado de dança e a uma dramaturgia do corpo que dança.

> Para pensar na dramaturgia de um corpo, há de se perceber um corpo a partir de suas mudanças de estado, nas contaminações incessantes entre o dentro e o fora (o corpo e o mundo), o real e o imaginado, o que se dá naquele momento e em estados anteriores (sempre imediatamente transformados), assim como durante as predicações, o fluxo inestancável de imagens, oscilações e recategorizações. A dramaturgia do corpo não é um pacote pronto, um texto narrado por um léxico de palavras, mas, como a sua etimologia propõe, emerge da ação. (Greiner, 2005, p. 81)

‖IMPROVISAÇÃO E LABILIDADE DA COREOGRAFIA‖

Podemos dizer que Klauss e Angel Vianna são os pioneiros da improvisação em dança no Brasil, não só como procedimento pedagógico, mas também como procedimento cênico. A improvisação é um caminho potencializador dos princípios da TKV, uma vez que a singularidade, a autonomia e a percepção se avivam quando exploramos o movimento por meio da improvisação.

Optou-se, didaticamente, por também incluir nas aulas sequências de movimento, pois existe, de outro modo, o risco de as improvisações impedirem o acesso a determinados caminhos de movimento em benefício de subjetividades constantemente reiteradas, caminhos fáceis. O emprego das sequências, no entanto, possibilita o acesso a um movimento outro, de tal modo que a dança singular se amplia ao incorporar aquilo que lhe é alheio. Se há uma dança própria às pessoas, é a partir de uma impropriedade de si que ela adquire latitude; a corporificação da alteridade ao dançar conduz à liberdade do movimento.

Observa-se que ambos os caminhos de dança – a partir de movimentos preestabelecidos ou de improvisações – ensejam e encetam a possibilidade de investigação, transformação e aprimoramento, mas também a perspectiva de estabilidade, acomodamento e cristalização.

A repetição das sequências, portanto, não vem com o intuito de formatação e perfeição do movimento, mas de dinamização e apreensão de novas possibilidades de ser corpo no espaço. Essa mudança de paradigma, da reprodução automática para a repetição sensível, é outra conquista que os Vianna proporcionaram à dança brasileira. "[...] É preciso repetir e repetir, porque é nessa repetição, consciente e sensível, que o gesto amadurece e passa a ser meu. A partir daí, temos a capacidade de criar movimentos próprios e cheios de individualidade e beleza" (Vianna, 2008, p. 73).

Com base na investigação semanal de sequências de movimentos surgiu o desejo de incluir momentos coreografados por mim nas apresentações das adolescentes. Desse modo, incorporaram-se à investigação do processo criativo maneiras diversas de se gerar dança, articuladas segundo três procedimentos de criação: coreografias criadas por mim, coreografias criadas pelas alunas e a improvisação em cena. Esses momentos são compartilhados por todos os membros do processo e a transitoriedade é protagonista em cada um deles.

O passo de dança, a sequência de movimento, surge como *unidade mínima* (ver Katz, 2009, p. 29) do que estamos trabalhando, que permite diversos desenvolvimentos. Com base nesse contexto, é possível inferir que a improvisação desponta como *unidade máxima*, a partir da qual se determinam inúmeros desdobramentos. Ambas podem ser trabalhadas em suas estabilidades e instabilidades, ambas podem trazer desafios e

crescimentos para quem dança, ambas podem respeitar a singularidade de quem a experimenta. Ambas são e geram dança, pois "os recursos técnicos não estão em função de determinada estética, mas a serviço da expressão de cada corpo" (Neves, 2008, p. 40).

Portanto, a dança apresentada possui um roteiro coreográfico no qual estão presentes as questões das aulas. Espera-se, assim, que todos os aspectos trabalhados ao longo do ano se manifestem nessa finalização. Essa apresentação, no entanto, embora compreendida como um resultado final, não é estática. Na TKV, são trabalhadas a prontidão e presença no momento imediato, tanto na cena improvisada quanto na coreografada. Permite-se, assim, a labilidade da coreografia, e não a sua cristalização e automatização. Nesse sentido, afirma Miller (2012, p. 134):

> Acredito que a coreografia pode ser lábil, imprevisível e transitória, mesmo dentro de uma estrutura previamente definida, pois ela é constantemente reatualizada, tanto nas apresentações ao vivo quanto no momento presente da experiência em sala de trabalho.

Insubmissa a um ideal e a formas modelares, a aluna-bailarina se entrega à experiência do momento presente. As coreografias ou as improvisações, ambas norteadas pelos temas corporais, apresentam-se, assim, não mais como balizas, mas como vias de acesso àquilo do movimento que a sua regra não diz, pois é do final de sua arte a incontinência, a desmesura.

4 ‖ Criar espaços para criar

[...]
precisa andar
como quem já chegou

chega de chegar

depressa
é muito devagar
Paulo Leminski

Estou ofegante e suada. Como no fim de um espetáculo em que o fluxo já tomou conta de mim, no qual a atenção se elevou de tal maneira que sinto o meu batimento cardíaco e a sensação das pulsações do corpo, do ambiente e das pessoas que me cercam. Essa sensação também aflora ao fim de uma aula. Deito no chão de madeira onde há poucos minutos as minhas alunas dançavam e sinto o calor de seus passos. Como dito na introdução deste livro, esse é um percurso repleto de afetos e eu acredito nesse trabalho. Apresentei aqui a maneira

como esse pulsa em minhas veias didáticas, pois "atribuir a responsabilidade de assumir seu próprio processo de pesquisa didática e de criação ao educador é uma premissa da Técnica Klauss Vianna" (Miller, 2007, p. 114).

Lança-se luz sobre outro caminho de dança, o caminho proposto pela TKV, que fundamenta os meus passos. No entanto, o termo "outros caminhos" não se refere a uma rota de fuga aos percursos correntemente oferecidos à adolescência, pois a TKV não fixa rotas, mas cria espaços para criar. A família Vianna abriu outros caminhos de dança para o Brasil, caminhos que, em seu tempo, possibilitaram a chegada em ambientes novos. Hoje, existem outras pessoas e espaços que abrem outros caminhos de dança em nosso tempo, como a Faculdade Angel Vianna – e a própria Angel, que abraça a contemporaneidade com seu gosto pela novidade –, o curso de pós-graduação em TKV na PUC-SP, o Salão do Movimento e cada pesquisador da Escola Vianna. Por essas veias pulsantes, por esses caminhos em fluxo de criação e recriação, cada aluno pesquisador da TKV abre seus outros caminhos. Eu abro outros caminhos de dança. Minhas alunas abrem seus outros caminhos de dança.

O curioso é que esse processo de abertura não se aprende, mas surge da escuta e da atenção ao interno e ao entorno. A TKV nos oferece pistas potentes para a investigação do movimento e para que se alcance um estado de dança. E, diante disso, arrisco dizer que os questionamentos que propõe nos fazem adolescer, pois a ambiguidade semântica das palavras "rejuvenescer" e "amadurecer" soluciona-se na unidade da dança.

Por hoje chega, chega de chegar. Sigamos.

Sigamos pelos nossos sempre outros caminhos de dança.

REFERÊNCIAS

ACERVO ANGEL VIANNA. Disponível em: <http://www.angelvianna.art. br/>. Acesso em: 12 abr. 2017.

ACERVO KLAUSS VIANNA. Disponível em: <http://www.klaussvianna.art. br/>. Acesso em: 12 abr. 2017.

AGAMBEN, Giorgio. *O que é contemporâneo? e outros ensaios*. Chapecó: Argos, 2009.

BRASIL. *Estatuto da Criança e do Adolescente*. 13. ed. Brasília: Câmara dos Deputados, Edições Câmara, 2015. Disponível em: <http://www.camara. leg.br/editora>. Acesso em: 3 abr. 2018.

_____. *Estatuto da Juventude*. Disponível em: <http://www.planalto.gov.br/ ccivil_03/_ato2011-2014/2013/lei/l12852.htm>. Acesso em: 3 abr. 2018.

DÂNGELO, José Geraldo; FATTINI, Carlo Américo. *Anatomia humana básica*. São Paulo: Atheneu, 2006.

FABIÃO, Eleonora. "Corpo cênico, estado cênico". *Revista Contrapontos – Eletrônica*, v. 10, n. 3, set.-dez. 2010, p. 321-26.

FOUCAULT, Michel. *Vigiar e punir*. Petrópolis: Vozes, 1987.

GREINER, Christine. *O corpo – Pistas para estudos indisciplinares*. São Paulo: Annablume, 2005.

_____. *O corpo em crise: novas pistas e o curto-circuito das representações*. São Paulo: Annablume, 2010.

GREINER, Christine; KATZ, Helena. "Por uma teoria corpomídia". In: GREINER, Christine. *O corpo – Pistas para estudos indisciplinares*. São Paulo: Annablume, 2005.

HANNA, Thomas. *Corpos em revolta: a evolução-revolução do homem do século XX em direção à Cultura Somática do século XXI*. Rio de Janeiro: Mundo Musical, 1972.

HASEMAN, Brad. "Manifesto pela pesquisa performativa". In: CERASOLI, Umberto (ed.). *Resumos do 5º Seminário de Pesquisas em Andamento*. v. 3, n. 1. São Paulo: PPGAC-ECA/USP, 2015, p. 41-53.

KATZ, Helena. "O coreógrafo como DJ". In: PEREIRA, Roberto; SOTER, Silvia. *Lições de Dança 1*. Rio de Janeiro: UniverCidade, 1997, p. 11-24.

_____. *Um, dois, três – A dança é o pensamento do corpo*. Belo Horizonte: FID Editorial, 2005.

_____. "Método e técnica: faces complementares do aprendizado em dança". In: SALDANHA, Suzana (org.). *Angel Vianna: sistema, método ou técnica?* Rio de Janeiro: Funarte, 2009, p. 26-32.

_____. "Corpo Apps: do dispositivo ao aplicativo". In. KATZ, Helena; GREINER, Christine. *Arte e cognição – Corpomídia, comunicação, política.* São Paulo: Annablume, 2015, p. 239-56.

LASZLO, Cora Miller; MILLER, Jussara. "A sala e a cena: a importância pedagógica de processos criativos em dança e educação somática". *Cadernos do GIPE-CIT*, n. 36. Salvador: UFBA/PPGAC, set. 2016, p. 150-67.

LEMINSKI, Paulo. *Toda poesia*. São Paulo: Companhia das Letras, 2013.

MILLER, Jussara. *A escuta do corpo – Sistematização da Técnica Klauss Vianna.* São Paulo: Summus. 2007

_____. "Dança e educação somática: a técnica na cena contemporânea". In: MARINHO, Nirvana; WOSNIAK, Cristiane. *Seminários de dança – O avesso do avesso do corpo: educação somática como práxis.* Joinville: Nova Letra, 2011, p. 147-61.

_____. *Qual é o corpo que dança? – Dança e educação somática para adultos e crianças.* São Paulo: Summus, 2012.

NEIDE NEVES – *Corpo em movimento.* Disponível em: <http://neideneves.art.br/site/?p=173/>. Acesso em: 12 abr. 2017.

NEVES, Neide. *Klauss Vianna: estudos para uma dramaturgia corporal.* São Paulo: Cortez, 2008.

_____. *A técnica como dispositivo de controle do corpomídia.* Tese (Doutorado em Comunicação e Semiótica), Pontifícia Universidade Católica de São Paulo, São Paulo, 2010.

_____. "Redefinindo a noção de técnica corporal: as razões no corpo". In. KATZ, Helena; GREINER, Cristine. *Arte e cognição – Corpomídia, comunicação, política.* São Paulo: Annablume, 2015, p. 153-90.

OEHLSCHLAEGER, Maria Helena Klee *et al.* "Prevalência e fatores associados ao sedentarismo em adolescentes de área urbana". *Revista Saúde Pública*, v. 38, n. 2, São Paulo, abr. 2004, p. 157-63. Disponível em <http://www.scielo.br/scielo.php?script=sci_arttext&pid=S0034-89102004000200002>. Acesso em: 7 abr. 2017.

RAMOS, Enamar. *Angel Vianna: a pedagoga do corpo.* São Paulo: Summus, 2007.

RUIZ, Alice. *Outro silêncio: haikais*. São Paulo: Boa Companhia, 2015.

SALÃO DO MOVIMENTO. Disponível em: <www.salaodomovimento.art. br/>. Acesso em: 12 abr. 2017.

SALLES, Cecilia A. *Gesto inacabado*. São Paulo: Annablume, 2009.

STINSON, Susan. "A question of fun: adolescent engagement in dance education". *Dance Research Journal, v.* 29, n. 2, 1997, p. 49-69.

_____. "Reflexões sobre a dança e os meninos". *Pro-Posições*, v. 9, n. 2, Campinas, jun. 1998a, p. 55-61.

_____. "Vozes de meninos adolescentes". *Pro-Posições*, v. 9, n. 2, Campinas, jun. 1998b, p. 62-69.

TAVARES, Joana Ribeiro da Silva. *Klauss Vianna, do coreógrafo ao diretor*. São Paulo: Annablume; Brasília: Capes, 2010.

TEIXEIRA, Letícia. "Angel Vianna: a construção de um corpo". In: PEREIRA, Roberto; SOTER, Silvia. *Lições de dança 2*. Rio de Janeiro: UniverCidade, 2000, p. 247-63.

VIANNA, Klauss. *A dança*. São Paulo: Summus, 2008.

Vídeos

Bogéa, Inês; Roizenblit, Sérgio. "Movimento expressivo – Klauss Vianna". 2005. São Paulo: Miração Filmes. Disponível em: <https://www.youtube.com/watch?v=aVP_RjVMdLo&t=605s>. Acesso em: 5 abr. 2017.

Casali, Eleonora; Navas, Cássia. "Memória presente: Klauss Vianna". TV Anhembi. São Paulo: Arquivo Multimeios do Centro Cultural São Paulo – Midiateca da Biblioteca da ECA, 1992. Disponível em: <http://www.klaussvianna.art.br/busca_detalhes.asp?busca=mem%-F3ria+presente&x=7&y=0&outros=1>. Acesso em: 5 abr. 2017.

CD

Gil, Gilberto. "Eleve-se alto ao céu (Lively up yourself)". *Kaya N'Gan Daya*. Gravadora Warner Music: 2002.

CRÉDITO DAS IMAGENS

Capa e pág. 12: Mostra "Outros caminhos de dança", 2014. Foto: Caio Petrônio.
Pág. 20: Mostra "Outros caminhos de dança", 2016. Foto: Caio Petrônio.
Pág. 32: Klauss Vianna em São Paulo, 1990. Foto: Modesto Wielewicki.
Angel Vianna, 2016. Foto: Maurício Maia.
Rainer Vianna. Foto: Juvenal Pereira.
Pág. 37: Salão do Movimento, 2014. Foto: Christian Laszlo.
Oficina "Escuta do Corpo – 2013" com Jussara Miller. Foto: Cora Laszlo.
Jussara Miller dando aula no Salão do Movimento, 2015. Foto: Christian Laszlo.
Cora Laszlo dando aula no Salão do Movimento, 2015. Fotógrafa: Isabela Moura.
Jussara Miller e Angel Vianna na Semana de Comemoração dos 15 anos do Salão do Movimento, 2016. Foto: Narita Miki.
Apresentação do grupo infantil do Salão do Movimento, 2016. Foto: Caio Petrônio.
Pág. 42: Mostra "Outros caminhos de dança", 2014: Foto: Pedro Spagnol.
Pág. 56: Aula de Cora Laszlo no Salão do Movimento, 2015. Foto: Isabela Moura.
Pág. 57: Aula de Cora Laszlo no Salão do Movimento, 2015. Foto: Isabela Moura.
Pág. 68: Mostra "Outros caminhos de dança", 2014: Foto: Pedro Spagnol.
Pag. 75: Mostra "Outros caminhos de dança", 2016: Fotos: Chun Fotografia.
Pág. 78: Mostra "Outros caminhos de dança", 2016: Fotos: Chun Fotografia.
Pág. 84: Mostra "Outros caminhos de dança", 2014: Foto: Pedro Spagnol.
Pág. 85: Aula de Cora Laszlo no Salão do Movimento, 2015. Foto: Isabela Moura.
Pág. 86: Aula de Cora Laszlo no Salão do Movimento, 2015. Foto: Isabela Moura.
Pág. 88: Mostra "Outros caminhos de dança", 2014: Foto: Pedro Spagnol.
Pág. 90: Aula de Cora Laszlo no Salão do Movimento, 2015. Foto: Isabela Moura.
Pág. 91: Aula de Cora Laszlo no Salão do Movimento, 2015. Foto: Isabela Moura.
Pág. 92: Mostra "Outros caminhos de dança", 2016: Fotos: Caio Petrônio.
Pág. 98: Mostra "Outros caminhos de dança", 2014: Foto: Pedro Spagnol.
Pág. 101: Mostra "Outros caminhos de dança", 2016: Fotos: Caio Petrônio.
Pág. 108: Mostra "Outros caminhos de dança", 2016: Fotos: Caio Petrônio.
Pág. 115: Mostra "Outros caminhos de dança", 2013: Fotos: Filipe Brito.
Pág. 118: Aula de Cora Laszlo no Salão do Movimento, 2015. Foto: Isabela Moura.

AGRADECIMENTOS

A Klauss e Rainer Vianna, um profundo agradecimento *in memoriam*, pois suas ações de ontem possibilitam a minha dança hoje.

A Angel Vianna, pois a sua presença me rejuvenesce.

A Jussara Miller, por tudo, pois em nossa relação se torna gritante a não separação entre dança e vida.

A Ian Takaes, pela leitura atenciosa, pelas correções precisas e por todo amor que nos une.

A Christian Laszlo, por, além de alimentar meus sonhos, entrar neles comigo.

A Elis Laszlo, por me lembrar que nem só de dança se faz a vida.

A Neide Neves e Helena Katz, que durante todo o curso me movimentaram com suas provocações e cujos textos me acompanharam durante a escrita.

Aos meus professores do curso de pós-graduação na PUC--SP, que, cada um a seu modo, expandiram meus horizontes de experiência com a Técnica Klauss Vianna.

A Silvia Geraldi, minha orientadora de iniciação científica na Unicamp, que me auxiliou com carinho e precisão na primeira vez que essa ação virou palavra.

Às minhas professoras da Unicamp, que com sua diversidade de ensino e prática me encorajaram a criar minha singularidade na dança.

Às minhas alunas do Salão do Movimento, pois, graças a elas, esse processo foi repleto de alegria.

www.gruposummus.com.br

IMPRESSO NA GRÁFICA sumago

sumago gráfica editorial ltda
rua itauna, 789   vila maria
02111-031   são paulo   sp
tel e fax 11 2955 5636
sumago@sumago.com.br